일상이 고고학
나 혼자 백자 여행

일상이 고고학

나 혼자 백자 여행

일상이___고고학 10

황윤 역사 여행 에세이

책읽는고양이

프롤로그

어느 날 국립중앙박물관을 들른 나는 이곳저곳
을 구경하다 어느덧 3층 전시실까지 올라왔다. 국립
중앙박물관 3층은 1층의 고대사와 더불어 자주 방
문하는 장소로, 3층에 배치된 도자기 문화를 무척
좋아하거든. 고대사는 삼국 시대, 그중에서도 신라
에 특별한 관심을 두기 때문이며, 도자기는 한·
중·일의 전반적인 도자기 흐름을 읽는 데 관심이
많기 때문이다. 이 중 신라사에 대한 관심은 초등학
교 때 김유신 위인전을 읽고 독후감을 쓴 것이 웬일
인지 큰 상까지 타면서 시작되었는데, 도자기는
음….

이유는 잘 모르겠지만 군대 제대 직후부터 운명

처럼 인사동을 다니다가 골동 가게에 있던 여러 도자기에 흠뻑 빠지면서부터다. 당시 인사동에는 한반도 도자기뿐만 아니라 중국 도자기까지 유입되어 다양한 감상이 가능했거든. 물론 인사동에서 만난 중국 도자기의 경우 진품, 가품 구별이 어려웠지만….

그러다 마침 2005년 국립중앙박물관이 용산으로 이전하여 재개관하면서 도자기 공부를 위해 거의 매주 방문하였다. 당시 국립중앙박물관은 남달리 큰 규모로 재개관해서일까? 전국의 최고급 유물을 잔뜩 빌려와서 전시 중이었기에 교과서에 나오는 유물을 직접 만날 수 있어 느낌이 남달랐지. 무엇보다 도자기 전시실이 매력적이었다.

그렇게 도자기에 대한 관심은 점차 높아져 한·중·일 여러 박물관을 다니며 수많은 도자기를 감상하게 되더니, 급기야 도쿄역 남쪽에 위치한 고미술 가게, 오사카시립동양도자미술관 북쪽에 위치한 고미술 가게들마저 섭렵하고 다닐 정도가 된다. 아무래도 한·중·일 도자기를 함께 보여주는 가게가 일본에 많아 그리 된 듯.

그 과정에서 2010년 《중국 청화자기》라는 책을 출판하였고, 이것이 내 인생 최초로 출판한 책이다. 안타깝게도 책이 나오고 3~4달 뒤 출판사가 갑자기

백자청화 매조죽문항아리, 국립중앙박물관 ©Park Jongmoo

파산하였지만, 원고를 재정리하여 딱 10년 뒤인 2020년에 《도자기로 본 세계사》라는 책을 냈다. 나름 세계 도자사의 흐름을 가볍게 따라가보는 형식의 책이었으니, 출판사에서 고등학생이 읽도록 쉽게 집필해달라 하여 나온 결과물이었지.

그러다 얼마 전 《일상이 고고학, 나 혼자 분청사기 여행》을 출간하며 다시금 도자기 책도 활발한 집필이 시작되었거든. 덕분에 리움미술관 기획전 "조선의 백자, 군자지향(君子之香)"의 전시 탐방기인 《백자에 담긴 조선의 미》도 집필하였고, 리움 전시 투어 프로그램을 진행하며 관람자와 교감할 수 있는 기회도 가질 수 있었지.

이처럼 책을 집필할 정도로 도자기에 남다른 관심을 갖고 있어 국립중앙박물관에 올 때마다 가능하면 3층을 방문하곤 한다. 사실 이곳은 국내에서 보기 드물게 한·중·일 도자기를 함께 구경할 수 있는 공간이거든. 3층 조각·공예관에는 고려청자, 조선 분청사기, 조선백자 등이 전시 중이며, 마찬가지로 3층에 위치한 세계문화관에는 중국, 일본 도자기가 전시되고 있으니 말이지.

다만 이곳 이외에 국내 대부분의 박물관들은 여전히 한반도 도자기만 전시하는 상황이다. 그 결과 세계사 속 도자기 흐름은 배제된 채 오직 한국 도자기 모습만 이해할 수 있어 조금 아쉽군. 그나마 국립광주박물관이 근래 아시아도자문화실을 꾸미면서 한·중·일에다 베트남 도자기까지 보여주고 있지만, 아직은 A급 도자기 소장이 더 필요한 상태다. 누가 보아도 반드시 보고 싶을 정도로 최정상 가치를 지닌 도자기 수집이 관건.

오늘 따라 유달리 과거 추억을 떠올리며 도자기 전시실을 한 바퀴 돌아보는 중인데 어느 순간부터 한 도자기에 집중적으로 빠져들고 있는 나를 발견한다. 하나에 꽂히면 그 부분에 집중하여 감상하는 것 역시 박물관을 즐기는 방법 중 하나인 만큼 오늘은 이 도자기를 한 번 꼼꼼히 살펴볼까.

차례

2. 조선 전성기 백자

5. 근대에 들어와

1
달항아리

엄격한 조건

백자 전시실 한편을 오롯이 하나의 도자기가 장악하고 있는 이곳. 그 주인공은 다름 아닌 달항아리다. 과거에는 달항아리도 단순히 이곳에 전시된 여러 백자 도자기 중 하나로 선보였으나, 2021년 분청사기–백자실을 새롭게 단장하면서 독립적인 전시공간을 마련하여 오직 달항아리 하나만 두는 파격적인 전시를 하고 있다. 이로서 백자 중에서도 남다른 주인공 대접을 받게 된 것.

특히 달항아리 뒤에는 미디어 영상을 마치 액자처럼 두었는데, 매시간마다 조선 시대 회화를 포함한 다양한 배경이 등장하며, 달항아리의 미감을 부각시키고 있다. 즉 고미술과 현대적인 미디어 아트

달항아리. 국립중앙박물관. ©Park Jongmoo

가 결합된 흥미로운 모습이랄까?

독자 공간을 통해 보이는 달항아리의 둥글고 포근한 모습이 무척 매력적이다. 각박한 현대 생활에 지친 사람들에게 넉넉한 인상의 달항아리는 잠시 쉬어가는 여유를 주듯 살며시 다가온다. 그래서일까? 이 공간을 좋아하는 사람들이 꽤 많은 상황. 내가 감상하는 도중에도 여러 사람이 와서 "우와 달항아리다!"라는 반응을 보이고 있구나. 그중 아이들 반응이 남다르네. 미디어 아트를 포함한 현대적 전시 형태가 뜻밖에도 아이들이 고미술에 쉽게 다가가게 만드는 다리가 되는 것 같다.

자~ 충분히 감상했으니 이제 도자기 아래에 표기된 설명을 한 번 읽어보자. 달항아리 푯말에는 다음과 같이 설명되어 있다.

백자 달항아리 Moon Jar White porcelain
조선 17세기 후반

최대 지름과 높이가 거의 1:1 비율을 이루는 둥근 항아리다. 그 모습이 보름달을 닮아 '달항아리'라 불린다. 반원형 몸체를 위아래로 이어 붙여서, 몸체 가운데에 접합 흔적이 있다. 좌우 대칭이 살짝 어긋난 느낌을 주지만, 자연스럽고 편안한 미감

백자 대호에 동백꽃(白磁大壺二椿). 사다오 츠바키(椿貞雄), 1947년.

으로 조선 후기 백자의 조형성을 대표하는 작품이다.

음. 설명 풋말에 달항아리에 포함되기 위한 기본 조건이 아주 잘 명시되어 있네. 아참. 갑자기 달항아리의 조건이라 말하니 의문이 들 수 있겠구나. 사실 달항아리는 조선 시대에는 원항(圓缸), 백항(白缸), 백대항(白大缸), 대백항(大白缸)이라 불리던 항아리 일종으로 지금처럼 감상 목적이 아닌 생활 용기로 만들어진 기물이다. 특히 17세기 후반에서 18세기 초반 동안 소위 달항아리 형태의 디자인으로 백자 항아리가 제작되었지.

그러다 조선이 무너진 일제 강점기 시절 일본인 들은 현재 '달항아리'라 불리는 백자를 큰 항아리 라 하여 대호(大壺), 또는 둥근 항아리라 하여 원호 (圓壺)라 명한다. 이후 감상용으로서 일본인이 달항 아리를 소장하거나 또는 달항아리를 주인공으로 삼 아 그림으로 그리는 일이 한반도 독립 이후에도 한 동안 이어졌다. 오죽하면 지금도 서울옥선이나 K옥 선과 같은 국내 미술 경매뿐만 아니라 해외 미술 경 매에 출품된 달항아리의 소장처 중 상당수가 일본 일 정도. 추정컨대 일본 전체를 잘 뒤져보면 숨어 있는 달항아리를 최소한 10점 이상 더 발견할 수 있 을지도….

이렇듯 일제 강점기 시절부터 관심을 둔 수집과 함께 도요지에 대한 발굴이 이어지자 갈수록 많은 정보가 쌓였고, 그 결과 달항아리라 불리기 위해서 는 조선 시대가 아닌 근래에 정해진 엄격한 감상 조 건을 통과해야만 했다. 그 조건은 대략 다음과 같다.

1. 높이 40cm 이상의 크기에 2. 최대 지름과 높 이가 거의 1:1로서 둥근 형태이며 3. 반원형 몸체를 위아래로 이어 붙이되 몸체 가운데에 접합 흔적이 있는 4. 17세기 후반에서 18세기 전반까지 제작된 백자.

뉴욕 크리스티 2023년 3월 경매에서 1억 3000만 원에 낙찰된 18세기 달항아리 기형의 백자.

뉴욕 크리스티 2023년 3월 경매에서 60억 원에 낙찰된 18세기 달항아리.

마침 국립중앙박물관 달항아리에 대한 설명 푯
말에는 해당 조건 중 2, 3, 4 부분이 잘 표현되어 있
군. 물론 설명 푯말에는 등장하지 않으나, 1번 조건
역시 충족하고 있으니 높이가 41cm이거든. 그렇다
면 만일 높이가 40cm 이하라면 어찌되는 걸까? 글
쎄 현재 기준에 따르면 안타깝게도 달항아리에 포
함되기 어렵다. 일개 백자 항아리가 되고마는 것.
그 결과 달항아리에 포함된 백자와 비교하여 가격
부터 큰 차이가 나버리지.

　예를 들면 2023년 3월 뉴욕 크리스티 경매에서는
높이 45cm의 달항아리가 456만 달러, 한국 돈으로
약 60억 원에 낙찰된 반면, 30cm의 달항아리 기형
의 백자가 10만 800달러, 한국 돈으로 1억 3000만
원에 낙찰된 경우가 있었다. 같은 경매에 같은 날
출품된 결과임에도 이런 차이가 난 것.

　마찬가지로 다른 조건들 역시 일부 맞지 않는다
면 달항아리에서 탈락하고 만다. 이처럼 엄격한 조
건에 들어간 일부 백자만 달항아리로 승격되어 높
은 가치를 인정받고 있는 중이다.

달항아리라는 명칭

지금까지 달항아리에 포함되기 위한 조건이 근래 구성된 것임을 살펴보았는데, 당연히 달항아리라는 명칭 역시 그리 멀지 않은 시점에 만들어졌다. 앞서 살펴보듯 조선에서 제작한 백자 항아리 중 일부 감상 조건에 맞는 것을 골라 일제 강점기 시절의 일본인들이 대호(大壺), 원호(圓壺)라 부르기 시작했으며, 이런 기물을 기준으로 삼아 독립 이후에나 붙여진 명칭이니까. 흥미로운 점은 달항아리라는 명칭을 처음 붙인 이가 다름 아닌 근현대 추상화가로 유명한 김환기(1913~1974년)였다는 사실.

김환기는 해방 후에 도상봉을 통해서 알게 됐

다. 성북동에 그의 집이 있었는데 그곳에 이태준 등 문화예술계 사람들이 살기도 했다. 김환기가 도자기를 사기 시작한 것은 해방 이후로, 내게서 찌그러진 항아리를 하나 사간 적도 있다. 그는 특별히 비싼 것을 찾지도 소장도 하지 않았으나 찌그러진 것을 좋아하는 그만의 취향이 있었다. 백자 항아리 중 일제 때 둥글다고 해서 마루츠보(圓壺)라고 불렀던 한 항아리를 특히 좋아해 그가 '달항아리'라고 이름 붙였다.

홍기대, 《우당 홍기대, 조선백자와 80년》, 컬처북스

우당 홍기대(1921~2019년)는 일제 강점기 시절인 14살 때부터 고미술 판매 일을 시작하여 한때 한국 골동계의 산증인으로 잘 알려진 인물이다. 80여 년을 넘도록 골동 일을 하면서 일제 강점기 시절에는 당대 수장가인 간송 전형필 집에 자주 드나들었고, 일제 강점기가 끝난 뒤에는 김환기, 도상봉 같은 화가들이 홍기대의 골동 가게에 자주 드나들었다. 더 나아가 1970년대에는 나중에 삼성 회장이 되는 이건희가 30대 중반의 나이로 홍기대의 자택을 한동안 매일같이 찾아가 고미술 강의를 들었다고 하는군.

그런 그가 자신의 인생을 반추하면서 2014년《우

당 홍기대, 조선백자와 80년》이라는 책을 냈는데, 나 역시 소식을 듣고 곧장 책을 사서 읽어보았다. 책 내용에는 저자가 경험한 근현대 시절 한반도 골동 시장 및 여러 유명인과의 인연에 대한 이야기가 담겨 있어 무척 인상적이었다. 이 중 오늘 달항아리를 보아서 그런지 김환기가 '달항아리' 라 이름을 붙였다는 부분이 특별히 기억나는걸. 이렇듯 김환기에 의해 달항아리라 붙여진 백자 항아리는 이후 미술 사학자이자 국립중앙박물관 관장을 역임했던 최순우(1916~1984년)가 달항아리라는 표현을 더욱 적극적으로 사용하면서 점차 고미술 애호가들 사이에 해당 용어가 널리 퍼져나가게 된다.

나는 신변에 놓여 있는 이조백자 항아리들을 늘 다정한 애인 같거니 하고 생각해왔더니, 오늘 백발이 성성한 어느 노감상가 한 분이 찾아와서 시원하고 부드럽게 생긴 큰 유백색 달항아리를 어루만져 보고는 혼잣말처럼 "잘생긴 며느리 같구나." 하고 자못 즐거운 눈치였다.

최순우, 〈동아일보〉, 1963년 4월 17일

해당 기사는 '달항아리' 라는 명칭이 공식적인 문헌 기록으로 처음 등장한 모습이다. 이렇게 미술

애호가에게 알음알음 알려지던 명칭이 더욱 유명해지는 계기가 마련된다. 2005년 경복궁에 위치한 국립고궁박물관에서 달항아리 9점을 모아 전시하는 특별전을 개최하면서, 전시 제목을 "백자 달항아리"라 명했으니까 말이지.

해당 전시는 인기가 무척 대단하여 수많은 관람객이 모여들었으니, 언론에서도 수차례 기사화되는 등 이슈가 상당했다. 나 역시 인사동에서 그 소식을 듣자마자 곧장 국립고궁박물관으로 갔던 기억이 나네. 덕분에 대중들에게까지 달항아리라는 명칭이 완벽히 각인되기에 이른다. 그 영향 때문인지 전시 직후부터 고미술 경매에서 달항아리가 높은 가격에 낙찰되는 일이 이어지며, 마치 고미술계 슈퍼스타처럼 남다른 유명세를 얻었다.

유난히 뜨거워지는 분위기가 계속되자 2011년 문화재청은 기존에 백자대호(白磁大壺)라 명시되었던 명칭을 아예 달항아리로 교체하기에 이른다. 이로써 현재 우리가 알고 있듯 '달항아리' 라는 이름이 비로소 유물의 정식 명칭으로 확정된 것. 여기까지 '달항아리' 라는 명칭이 등장하여 유물의 이름으로 정해지는 과정까지 살펴보았다.

한편 앞서 홍기대의 기억에 따르면, 김환기가 달항아리처럼 유독 찌그러진 것을 좋아하는 취향이

찌그러진 몸체임에도 국보에 지정된 달항아리, 우학문화재
단.

있었다고 하니, 참으로 특이하게 다가오는군. 본디 대부분의 사람들은 심리적으로 완벽히 대칭되는 기형을 지닌 도자기를 좋아하거든. 이는 도자기의 대부분이 생활용품으로 제작된 만큼 사용하기 편하려면 형태의 균형감이 매우 중요하기 때문이다. 오죽하면 근대 이전까지만 하더라도 아시아, 유럽 등에서 선보인 감상을 위한 장식용 도자기마저 가능한 대칭되는 기형을 보여주곤 했었지.

그렇다면 왜 달항아리는 유독 찌그러진 형태가 많은 걸까?

달항아리는 제작 시 위 부분과 아래 부분을 따로 빚은 후 두 부분을 접합시켜 구운 것으로 유명하다. 이에 대해 기존 설명에 따르면 달항아리가 40cm 이상의 큰 도자기여서 등장한 제작 방식이라 하더군. 그런데 달항아리를 살펴보면 다들 정형화된 원 형태가 아닌 각기 다른 개성을 보이고 있는데, 어떤 달항아리는 중간이 더 많이 찌그러진 모습을 하고 어면 달항아리는 조금 더 둥근 형태를 보이고 있다. 이는 중간에 접한 부분이 구워지는 과정에서 균열이 나거나 비틀어지면서 각기 다른 모습으로 결합되어 나온 결과다.

그러나 찌그러진 형태는 상대적일지라도 전체적으로 볼 때 비대칭적 모습을 하고 있는 것은 동일하

찌그러진 몸체임에도 국보에 지정된 달항아리, 국립고궁박
물관.

다. 그렇다. 지금 내가 국립중앙박물관에서 바라보는 달항아리마저 좌우 대칭이 조금 맞지 않거든. 이렇듯 의도하지 않은 결과가 부각되는 모습을 근대 들어와 달항아리의 독특한 매력으로 이해하게 되었으니. 이 중 김환기는 이런 비대칭성에 대해 자신이 그리던 추상화 개념과 연결시키며 관심을 가진 모양.

하지만 이러한 기존 설명에 대해 나는 예전부터 약간의 의문이 있었다.

도자기 접합

　　달항아리처럼 상하를 따로 만들어 접합하는 기술은 사실 달항아리 이외에도 여러 종류의 도자기 제작에서 사용하던 기법이었다. 특히 중국에서 도자기 대량 생산이 이어지자 효율적인 분업화가 요구되면서 크게 발전한 기술이었지. 마치 오늘날 공장에서 여러 부속품을 결합하는 방식처럼 도자기가 만들어졌던 것.

　　입구가 큰 항아리를 만들 때는 물레를 돌려 아래 위 반쪽씩 만들어 접합시키며, 접합부를 나무망치로 안팎을 두들겨 다진다. 입구가 좁은 단지나 독 역시 아래 위를 접합하지만, 접합 후 속을 망치

로 다지기가 어려워 미리 질흙으로 둥근 테를 구워
속에다 대고, 바깥에서 나무망치로 두들겨 다진다.
그러면 두 질덩이는 쉽게 붙는다.

송응성, 《천공개물(天工開物)》, 제도(製陶), 항조(缸造), 1637년

천공개물은 농업과 수공업에 대해 기술한 명나
라 책으로 농업, 도자기, 청동기, 의복, 염색, 종이,
배 등등 여러 내용을 담고 있다. 이 중 위의 내용이
도자기 목차에 있는데, 큰 항아리를 만들 때 위 아래
반쪽씩 만든 후 이를 결합하는 과정을 담고 있군.
이때 나무망치로 접한 부분을 두들겨 다지면 두 개
의 흙이 잘 붙게 된다고 한다. 당연히 달항아리도
이와 유사한 방식으로 만들어졌을 것이다.

재물을 이음새에다 발라 구워내면 이음새가 깨
끗이 없어진다.

송응성, 《천공개물(天工開物)》, 백자(白瓷) 청자(靑瓷), 1637년

또한 결합된 부위에는 재물, 즉 유약을 틈틈이 잘
발라 구우면 이음새 안으로 유약이 스며들어가 접
착제 역할을 하면서, 겉으로 볼 때 이음새가 안 보이
는 깔끔한 형태가 만들어졌다. 당연히 달항아리 역
시 이 과정을 겪었겠지.

《천공개물(天工開物)》, 제도(製陶), 항조(缸造). 왼쪽 그림.

　결국 따로 제작한 부위를 잘 접착시키기 위해서
는 1. 접착 부분을 잘 두들겨 붙이고 2. 이음새 사이
사이에 유약을 잘 발라 굽는 기술이 필요했던 것.
　한편 조선 시대 역시 달항아리 이외에도 접합 기
술을 사용한 도자기가 여럿 있다는 사실. 예를 들어
항아리뿐만 아니라 입구가 좁아 내부 성형이 힘든
편병, 장군병 등이 그것이다. 이 중 항아리 경우에
는 높이 20~30cm 정도의 작은 크기임에도 상하 접
합 기술을 사용하기도 했으니, 그만큼 접합 기술이
생각보다도 더 일반적으로 사용되었음을 알 수 있
다. 즉 해당 제작 기법은 중국뿐만 아니라 조선에서

도 달항아리만의 독특한 방식이 아니었다는 의미.

그래. 생각난 김에 접착 부분이 드러나는 중국 도자기를 한 번 살펴볼까?

국립중앙박물관 3층 백자 전시실 건너편에는 세계문화관이 위치하고 있는데, 이곳에는 중국, 일본, 인도, 동남아 등의 유물이 상설전시 중이다. 이 중 중국 전시실을 들어가보자. 내부를 들어서자 여러 중국 유물이 나를 기다리고 있으니, 무엇보다 도자기가 많이 보이는걸. 아무래도 도자기가 오랜 기간 중국을 대표하던 유물이므로 그럴 테지.

여러 도자기를 살펴보다 말을 탄 인물이 등장하는 청화백자를 관심있게 바라본다. 높이 36.7cm로 달항아리보다 조금 작지만 꽤나 당당한 크기를 보이는 도자기다. 그림을 보아하니 아무래도 삼국지 일화를 그린 모양. 청룡언월도를 쥐고 있는 수염 긴 남자가 보이는 것을 보니 말이지. 해당 도자기는 명나라 시절인 1435~1464년 사이에 제작된 것으로 동시대 조선은 세종과 세조 시대였다. 그런데 매끈한 도자기 외부와 달리 내부를 가만 살펴보자 중간쯤에 이음새, 즉 접합 부위가 살짝 보이는걸. 그렇다. 이를 미루어 볼 때 관우가 등장하는 명나라 청화백자 역시 상하를 따로 제작한 뒤 붙여 제작되었음을 알 수 있군.

명나라 백자청화 인물무늬항아리, 국립중앙박물관. 겉으로 보이는 깔끔한 모습과 달리 입구 안을 깊숙이 살펴보면 중간에 접합면이 보이는 도자기다.

하지만 상하 접합 기술을 사용했음에도 관우가 등장하는 명나라 청화백자는 기형이 완벽한 대칭을 이루며, 최소한 외부에서 볼 때는 마치 본래부터 하나인 것처럼 깔끔한 형태를 유지하고 있다. 꽤 큰 크기임에도 불구하고 말이지. 그러나 이에 비해 달항아리는 접한 부분이 굽는 과정에서 무너져서 비대칭적 모습을 보이는 것이 상당수.

그렇다면 이러한 차이를 보인 이유는 무엇이었을까?

기술과 재료의 한계

　조선은 임진왜란과 병자호란을 경험하면서 사회 기반이 크게 무너졌다. 이에 17세기 시점이 되면 도자기 제작 기술 역시 큰 폭으로 하락하였으니, 조선 전성기 시점인 15~16세기 백자에 비해서도 완성도가 더 낮았으니까. 그러나 백자는 엄연히 왕실에서 사용하는 중요 기물이었기에 왕권과 사회를 안정화시킨 후부터 조선 왕들은 부단히 백자 완성도를 높이기 위해 노력하였다. 이 중 숙종과 영조의 관심이 남달랐지.

　그 과정에서 백자를 생산하는 분원에 큰 변화가 일어났다. 본래 조선은 경기도 광주에 좋은 백토와 풍부한 수목이 있다 하여 15세기부터 이곳에서 왕실 백자를 생산하였는데, 보통 10년을 주기로 가마를 이동시켰거든. 이는 도자기를 굽는 데 필요한 땔감이 부족해지면 수목이 무성한 곳으로 가마를 이동하여 다시 일정 기간 동안 운영하는 방식이었다. 이런 시스템은 영조가 1752년 분원리에 가마를 완전히 정착시키고, 주변 땔감을 분원리로 옮기도록 할 때까지 계속 이어졌다. 문제는 이처럼 자주 이사를 다니니 가마 규모를 키우기 쉽지 않았다는 점. 자리를 잡고 어느 정도 도자기 생산 능력이 갖춰질 때쯤이면 또다시 땔감이 부족해지면서 가마를 폐쇄하는 과정이 반복되었으니까. 이는 곧 1752년 이전까지 조선의 고급 백자 생산량에는 분명한 한계가 있었음을 의미한다.

한편 숙종과 영조 시대를 지나면서 조선백자는 다시금 하얀 피부를 되찾고 있었다. 17세기 들어와 재료의 정제가 잘 이루어지지 않으면서 철분이 많이 포함된 누런 빛을 지닌 백자가 주로 생산되었는데, 17세기 후반으로 갈수록 유백색 피부를 지닌 백자가 생산되기 시작했거든. 이는 왕의 관심으로 다시금 높은 공력이 투입되면서 그만큼 흙과 유약을 잘 정제하여 철분의 함량을 줄이는 데 성공하여 얻은 결과물이다. 그리고 이런 유백색 백자를 상징하는 유물 중 하나가 다름 아닌 달항아리라는 사실.

백자청화 풀꽃무늬조롱박모양병, 18세기 중반 금사리 가마, 국립중앙박
물관.

이렇듯 17세기 후반부터 등장한 유백색 백자는 경기도 광주의 금사리(金沙里) 가마에서 전성기를 맞이했다. 금사리 가마는 영조 시절인 1726년부터 1752년까지 운영되었는데, 이전 가마들과 달리 26년이라는 나름 긴 기간 동안 안정적으로 자리 잡으면서 지금까지도 인정받는 18세기를 대표하는 명품 도자기를 생산하였다. 달항아리 역시 상당수가 금사리 가마에서 제작된 것으로 추정하니 말이지. 그렇게 금사리에서 오랜 기간 동안 가마를 운영하며 가능성을 본 것일까? 1753년 광주 분원으로 가마를 옮긴 뒤로는 더 이상의 이동 없이 조선 말까지 가마가 정착된다. 비로소 안정적인 백자 생산 시스템이 구축된 것이다.

하지만 비록 금사리 가마에서 17세기보다 높은 질의 백자를 생산했음에도 불구하고 동시대 중국이나 일본 도자기와 비교하면 조선 것은 여러 모로 한계를 지니고 있었다. 아무래도 크기나 질 등 모든 면에서 조선백자는 중국, 일본 백자 수준을 따라가기 힘들었거든. 그 이유로 우선 조선에 도자기를 제작하는 숙련자 숫자가 중국과 일본에 비해 크게 부족했으며, 다음으로 생산 규모마저 큰 차이가 났기 때문이다. 동시대 중국, 일본은 자국 소비뿐만 아니라 아시아, 유럽 등지로 백자를 대량 수출했던 만큼

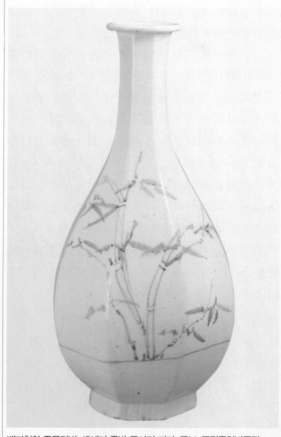

백자청화 죽문각병, 18세기 중반 금사리 가마, 국보, 국립중앙박물관.

도자기요에 대한 엄청난 투자가 이루어졌으니, 그만큼 기술 발전 또한 눈부셨거든.

뿐만 아니라 최근 과학적인 성분 조사에 따르면 중국의 백자 생산지로 유명한 경덕진의 경우 조선의 백자 생산지로 유명한 경기도 광주보다 질과 성분에 있어 훨씬 좋은 흙을 가지고 있었다고 하는군. 덕분에 아무리 크고 높은 기물을 만들어도 조선과 달리 굽는 과정에서 잘 무너지지 않았던 것. 마침 이곳 국립중앙박물관 중국 전시실에도 무려 높이가 90cm에 다다르면서도 완벽한 대칭 모습을 보이는 청나라 시대 청화백자가 보이는구나.

하지만 단지 생산 규모와 재료 성분의 한계만이 달항아리 접합 부분을 무너지게 한 원인은 아니었다.

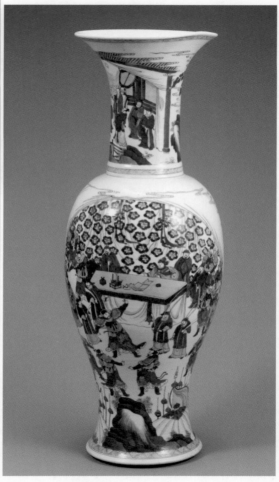

높이 89.3cm의 청화백자. 인물고사가 그려진 긴 목 항아리, 청나라, 국립중앙박물관.

달항아리 사용처

현재 달항아리는 감상용으로서 높은 평가를 받고
있다. 조선의 미를 상징한다는 평가와 더불어 미술
경매에서 매번 높은 가격으로 낙찰되고 있는 데다,
요즘은 아예 현대 도예가들이 재현한 달항아리마저
높은 평가를 받으면서 국내외에서 전시중이니까.

그러나 조선 시대에는 달항아리를 과연 어디에
서 사용했을까? 지금부터는 국립중앙박물관에서 만
날 수 없는 유물이 많은 관계로 스마트 폰을 이용할
때가 왔군. 아무래도 하나하나 인터넷으로 찾아봐
야 하니 저기 의자에 앉아서 이야기를 이어가보자.
요즘 국립중앙박물관은 중간 중간 편안한 의자를
두어 앉아서 쉬기 편하거든.

'연령군 겻주방' 명 백자호, 개인 소장. https://www.koreanart21.com

해당 의문을 해결하기 위해 항아리 굽다리 옆에 "연령군 겻쥬방"이라고 새겨져 있는 항아리를 가장 먼저 주목해 살펴보고자 한다. 해당 도자기는 몸체를 이어 붙인 흔적이 있는 데다, 높이 38cm이자 최대 지름은 41cm로서 거의 1:1의 둥근 형태를 지니고 있다. 또한 도자기의 주인이었던 연령군 이훤(延齡君 李昍, 1699~1719년)은 숙종의 막내아들이자 영조의 동생으로서 생존 기간이 17세기 말에서 18세기 초에 해당하지.

문제는 달항아리가 되기 위한 조건은 1. 높이 40cm 이상의 크기에 2. 최대 지름과 높이가 거의 1:1로서 둥근 형태이며 3. 반원형 몸체를 위아래로 이어 붙이되 몸체 가운데에 접합 흔적이 있는 4. 17세기 후반에서 18세기 전반까지 제작된 백자인 만큼 안타깝게도 이 중 1번 기준에 해당하지 않는군. 즉 현대 들어와 구성된 엄격한 달항아리 기준에는 약간 못 미치지만 당연히 조선 시대만 하더라도 달항아리와 동일한 목적을 위해 제작된 백자였을 것이다.

그런데 "연령군 겻쥬방" 중 겻쥬방이 무슨 뜻이지? 이에 대해 학계에서는 연령군을 위해 궁궐 내 마련한 주방이라 해석하는 중. 특히 연령군은 1703년 군(君)에 봉해진 후 1708년에 이르러 궁궐 밖으로 나가 살았기에 1703~1708년 사이를 해당 백자가 제작된 시기로 보고 있다. 이를 통해 한때 달항아리 스타일의 백자가 궁궐의 주방에서 왕실 사람을 위해 사용하던 기물이었음을 알 수 있다.

이와 마찬가지로 일본 와세다대학(早稻田大學) 아이즈야이치기념박물관(會津八一記念博物館)이 소장하고 있는 18세기 전반에 제작된 높이 31cm, 최대 지름 32.4cm의 작은 달항아리 형태를 지닌 백자에도 글이 새겨져 있다. 소위 "웃밧쇼"명 백자 호라 불리는 해당 도자기에는 굽다리 옆에 "웃밧쇼"라는 글이 새겨져 있으니, 여기서 "웃"은 윗사람(上), 예를 들면 대왕대비, 왕대비, 동궁 등을 의미하고 "밧쇼"는 바깥(外) 소주방을 의미하거든. 특히 소주방(燒廚房)의 경우 궁궐의 여러 처소마다 운영하던 주방이었던 만큼 당시 궁궐 윗사람을 위한 주방에서 사용하던 항아리였던 것.

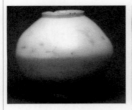

소위 "웃밧쇼"명 백자 호"라 불리는 해당 도자기에는 굽다리 옆에 "웃밧쇼"라는 글이 새겨져 있다. 와세다대학 아이즈야이치기념박물관.

이처럼 두 가지 글이 새겨진 예로 볼 때 이보다 조금 더 크기가 큰 달항아리 역시 처음 제작될 당시만 하더라도 궁궐 주방 등에서 사용하던 물건일 가능성이 높아 보인다. 하얀 피부를 지닌 백자가 제한적으로 생산되던 17세기 말~18세 전반 물건인 만큼 사용처 역시 어느 정도 한정되었던 것.

그렇다면 궁궐 주방에서 어떤 용도로 사용했을까?

사소한 물력으로 절대 구워낼 형편이 못 되고, 다만 승전에 따라 꿀을 담는 흰 항아리(白缸)는 즉시 분원으로 하여금 굽는 대로 수송하도록 하겠습니다.

《승정원일기(承政院日記)》, 인조 8년(1630) 2월 19일

이는 비록 달항아리가 제작되기 전인 인조 시절

기록이지만, 커다란 크기의 흰 항아리(白缸), 즉 백
자 항아리의 경우 제작에 난이도가 있으며 나름 고
급 재료인 꿀을 담는 용도로 사용했음을 알려준다.
다만 해당 기록 외에는 달항아리를 어떻게 사용했
는지는 구체적으로 알아내기 힘들군. 안타깝게도
《조선왕조실록》이나 《승정원일기》 등에 관련 기록
이 거의 전해지지 않으니까

　한편 리움이 소장하고 있는 달항아리를 통해 무
엇을 담았는지 그나마 추정할 수 있는데, 해당 도자
기는 접한 부분의 일그러짐이 거의 없는 매우 보기
드문 달항아리로서 운 좋게 잘 결합되어 이처럼 완
성된 듯하다. 또한 외부에 갈색으로 색이 변질된 부
분이 크게 보이는구면. 이는 내부에 간장을 가득 담
아 사용하다보니 서서히 스며든 흔적이라 한다. 외
형은 원형으로 훌륭하게 완성되었으나 액체가 흡수
되는 것을 방어하는 면은 부족했던 모양. 이와 마찬
가지로 달항아리들 대부분은 표면이 얼룩덜룩하여
과거에 사용했던 흔적이 잘 드러나는 편이지. 이 역
시 본래 달항아리가 생활 용기였음을 증명한다.

　자~ 지금까지 살펴보았듯 한때 왕실 주방에서
꿀, 간장과 같은 액체를 담는 용도로 사용하던 물건
이 다름 아닌 달항아리였다. 그런 만큼 감상용으로
서 가치는 거의 없었기에 도공들 역시 단순히 액체

높이 44cm 최대지름 42cm의 달항아리. 국보. 리움. 간장을 담아 사용하다보니 서서히 스며든 흔적으로 인해 표면이 얼룩덜룩하다. ⓒPark Jongmoo

를 담는 용도로 제작에 임했다. 오죽하면 남아 있는 대부분의 달항아리가 접합 부분이 어긋나 있는 것을 볼 때 이런 오차 부분에 대해 위에서조차 크게 관심을 두지 않았던 모양이다. 부엌에서 사용하는 생활 용기로서 크기 등에서 어느 정도 충족하는 형태만 나온다면 세세한 부분까지 크게 문제삼지 않았다는 의미. 결국 달항아리는 도공이 제작 때 가졌던 목표 지점이 단순한 생활 용기였으며, 사용하는 사람들도 그 이상을 바라지 않았기에 접합 부분이 무너지는 형태가 유독 많이 등장하는 도자기가 된 것이다.

반면 중요한 국가 행사 때마다 국가와 왕을 상징하는 기물로 사용되던, 용이 그려진 항아리를 한 번 살펴볼까? 18세기에 제작된 해당 도자기는 높이 59cm에 몸통 최대 지름 45.9cm로 웬만한 달항아리보다 훨씬 크지. 그럼에도 불구하고 달항아리와 달리 훌륭한 대칭 기형에다 중간이 무너지지 않은 늘씬한 몸체를 지니고 있다. 이는 용이 그려진 항아리는 왕을 포함한 국가 최고 권력자들이 가득한 장소에서 전시되었던 도자기였기에 그만큼 도공들이 남달리 신경써서 만들었기 때문.

여기까지 도공들이 제작에 임하는 자세가 달라 생겨난 차이를 대략 살펴보았다.

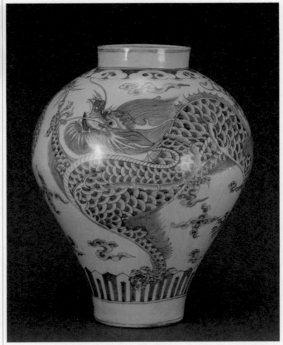

청화백자 쌍룡문항아리, 18세기, 금성문화재단. 달항아리와 달리 훌륭한 대칭 기형에다 중간이 무너지지 않은 늘씬한 몸체를 지니고 있다.

완벽하지 않은 물건이 만들어낸 미감

자~ 이제 정리해보자. 1. 달항아리에 등장하는 접합 기법은 해당 도자기만의 독자적 기법이 결코 아니었고 2. 중간에 비례가 맞지 않는 매끈하지 못한 몸체 역시 도공들이 딱 그 정도 수준으로 제작하였기에 나온 결과물임을 알 수 있다.

헌데 이렇듯 비대칭적인 모습을 지닌 달항아리가 일제 강점기를 지나면서 남다른 개성의 미감으로 인식되더니, 독립 이후에도 그 미감에 동조하는 사람들이 점차 늘어나기 시작하였고, 21세기 들어오자 마치 신화와 같은 명성을 얻고 말았네. 덕분에 요 근래 들어와 조선 도공들이 최선을 다해 제작한 용무늬 항아리보다 달항아리 가격이 더 비싸지는

건륭제 청화유리홍운용문천구병(乾隆款靑花釉里红云龍紋天球瓶), 18세기, 북경고궁박물원. 영조와 동시점에 청나라에서 제작된 용이 장식된 도자기로 수준이 상당히 높다. ⓒ고궁박물원 http://www.dpm.org.cn

흥미로운 상황마저 벌어졌다. 이를 어찌 해석해야 할까? 아무래도 미(美)를 평가하는 기준은 시대와 문화에 따라 매번 달라지는 듯.

한참 앉아 있던 의자에서 일어나 다시 한 번 달항 아리를 보러 간다. 백자 전시실에서 전시 중인 달항 아리는 여전히 남다른 미감을 뽐내는 중. 그래. 참 으로 개성적인 미감이야. 희한하게도 이런 형태를 지닌 백자는 동시대 청나라, 일본에서는 찾기 힘들 거든. 이와 달리 용이 그려진 백자는 당장 청나라 것만 찾아보아도 질과 수준에서 그 격을 달리한다.

이미 영조와 동 시점에 청나라에서는 용이 장식 된 도자기를 이 정도 수준으로 제작하고 있었거든. 이런 상황에서 용이 그려진 18세기 조선 도자기로 는 한국인은 몰라도 세계인을 상대로는 높은 경쟁 력을 갖추기 힘들지도 모르겠다. 한국인이야 우리 것이니 당연히 좋게 보이겠지만, 여러 국가를 여행 하는 제3자인 외국인 입장에서 바라본다면 조선만 의 개성적인 면은 그렇다 치더라도 동일한 도안에 따른 질과 회화 수준에 있어서는 중국보다 못하게 보일 가능성도 있을 테니까.

그와 달리 달항아리는 시대가 지나면서 조선 도 공들이 의도하지 않은 삐뚤어진 형태가 현대적 미 적 가치처럼 재해석되면서 현재 높은 평가를 받고 있는 중이다. 무엇보다 20세기 이후 추상화가 큰 인기를 누리자 갈수록 달항아리의 독특한 미감을 서양마저도 높게 평가하고 있으니 말이지. 덕분에 현대 도예가가 재현한 달항아리는 마치 현대미술처럼 인식되면서 전시·판매가 이루어지고 있으며, 그 인기마저 상당하다고 하더군. 이렇듯 달항아리는 제작 때와 달리 오히려 시대를 초월한 미감으로 평가받고 있는 것이다.

사람들이 잘 모르는 사이 슈퍼스타가 되어버린 달항아리를 다시 감상하면서 세상에는 의도하지 않았음에도 시일이 지나 새로운 평가를 받는 일이 종종 있음을 깨닫는다. 이와 유사하게 나도 열심히 글을 쓰다보면 언젠가 인정받는 경우가 생기지 않을까? 음. 오늘 국립중앙박물관 여행은 이것으로 마감해야겠군. 다음에 또 와야지.

2
조선 전성기 백자

리움 전시

조선백자 전시가 있다 하여 리움을 방문한 나는 티켓을 확인하기 위해 카운터를 향해 빠른 걸음으로 이동한다. 지금까지 국가지정문화재가 된 조선백자가 총 59점(국보 18점, 보물 41점)인데, 이 중 50% 이상인 무려 31점(국보 10점, 보물 21점)이 한 장소에 모인 전시라니, 고미술을 좋아하는 사람이라면 반드시 방문할 수밖에 없는 흥분되는 뉴스라서 말이지. 뿐만 아니라 해외의 뮤지엄이나 개인이 소장 중인 국가지정문화재급 조선백자 역시 대거 출품되었다고 하는걸. 그래서일까? 박물관 내부에는 이미 관람객들로 가득하다. 우와. 대단한데. 국내 사립박물관 중에서 이 정도 관람객 동원은 솔직

리움 전경. ⓒPark Jongmoo

히 리움만 할 수 있는 듯.

실제로 리움은 2004년 개관 이후 국내 사립박물관 중 가장 유명한 곳으로 알려졌으니, 아무래도 대기업 삼성이 운영해서 그런가보다. 한국인에게 삼성이라는 브랜드 가치는 남다른 위치를 점하고 있으니 말이지. 특히 리움을 구성하는 세 개의 전시관은 세계적인 건축가가 디자인한 것으로 유명한데, 마리오 보타(Mario Botta), 장 누벨(Jean Nouvel), 그리고 렘 콜하스(Rem Koolhaas)가 그들이다. 이 중

리움미술관의 "조선백자 군자지향" 전시장 입구. 마치 UFO를 타는 느낌을 주는 이곳 이름은 블랙박스 ©Park Jongmoo

장 누벨, 렘 콜하스는 건축 분야 최고의 상이라 일컫는 프리츠커상 수상자로 엄청난 명성을 지니고 있지. 가만 생각해보니, 지금까지 프리츠커상에 당선된 한국인은 0명인 반면, 가까운 일본은 8명이나 된다. 이런 결과에 대해 국내 건축계에서는 다양한 의견이 표출되는 모양.

한편 리움 특별전이 개최되는 공간은 렘 콜하스가 디자인하였으니, 나무로 된 복도를 따라 들어서면 검은색을 띤 각진 물체가 공중에 떠 있듯 기묘하게 등장한다. 물론 진짜로 공중에 떠 있는 것은 아니고 자세히 보면 여러 기둥이 아래 위에서 받쳐주고 있음. 그리고 검은 물체 안으로 들어갈 수 있도록 입구 앞으로 계단이 설치되어 있기에 미지의 공간, 아~ 그래, 마치 UFO를 타는 느낌을 주는걸. 바로 이 검은 물체의 명칭을 다름 아닌 블랙박스라 부르더군. 검은 칠을 한 시멘트로 구성한 전시 공간이라 하겠다.

블랙박스 입구.
©Park Jongmoo

그럼 어서 블랙박스 안으로 들어가보자.

블랙박스 안 A급 조선백자

　가만 보니, 블랙박스 안은 조선 시대에 제작된 백자 중 대표작, 즉 A급이라 꼽힐 만한 것으로 꾸민 모양이다. 덕분에 국보, 보물의 향연처럼 느껴지네. 한마디로 전시 시작부터 어깨에 힘을 준 모습이랄까? 특히 가장 앞줄에는 15~16세기에 제작된 청화백자가 위치하고 있어 무척 아름답군. 푸른 청화 빛이 주는 남다른 모습은 언제보아도 참 매력적이야.

　이 중에서 가장 먼저 국보로 지정된 백자청화 "홍치 2년"명 송죽문항아리를 바라본다. 운 좋게도 도공이 도자기를 제작한 시점을 도자기 입구 안쪽에 청화로 써두었는데, 이때 홍치 2년이란 중국 연호로서 1489년을 의미하거든. 이 시기는 다름 아닌

리움미술관의 "조선백자 군자지향" 전시장 전경. 블랙박스 안 A급 조선 백자들. 국보·보물의 향연처럼 느껴질 정도로 조선 시대에 제작된 백자 중 대표 작품들이 모였다. ©Park Jongmoo

조선 성종 20년이자 조선 최고 전성기 시절이었다. 심지어 명나라조차 성종이 다스리는 조선을 높게 평가했으니까. 이런 눈길은 명나라 사신인 동월(董越, 1430~1502년)이 남긴 조선 풍경을 담은 글에서도 잘 들어난다.

1488년 명나라는 새로운 황제인 홍치제의 등극을 알리기 위해 조선에 사신을 파견하였으니, 그가 바로 동월이다. 그는 조선을 무척 우호적으로 보아 중국 못지않게 유학을 숭상하는 문화의 나라로 평가했으며, 조선에 사신으로 파견되어 경험한 내용을 바탕으로 조선부(朝鮮賦)라는 글을 남겼다. 이는 성종 시대 조선의 모습을 외부인 눈으로 알려주는 중요한 정보라 하겠다. 예를 들면,

조서가 오면 왕은 곤룡포에 면류관을 쓰고 교외에 나가 맞이하고, 신하는 예복을 차려 입고 고니처럼 반듯이 서서 모신다. 거리는 모두 늙은이와 어린이로 가득차고 누대는 모두 비단옷을 입은 사람들로 가득 찬다. 여염집들은 모두 반포하여 내려준 예제(禮制)처럼 채색 비단을 벌려놓고 그림을 걸어둔다. 음악 소리는 느린 듯 빠르고, 차린 음식은 빛나고도 화려하다.

동월(董越)의 조선부(朝鮮賦)

백자청화 "홍치 2년" 명 송죽문항아리, 동국대학교박물관. ©Park Jongmoo

등이 바로 그것. 그런데 동월이 사신으로 다녀간 바로 다음 해에 백자청화 "홍치 2년"명 송죽문항아리가 제작된 것이다. 무엇보다 제작된 연도가 정확히 남겨진 만큼 15세기 후반 조선백자의 수준을 파악할 수 있다는 점에서 남다른 가치를 지니고 있지. 이렇듯 구체적인 제작 시기를 알 수 있는 유물을 소위 '편년 자료'라 부르며, 이를 근거로 삼아 여러 다른 도자기의 제작 기술과 청화 색, 표현 기법을 비교하다보면 각각의 제작 시기에 따른 배열이 가능해지거든. 그런 만큼 자료의 시대순 정리에서 기준이 되는 도자기라는 의미.

상세히 뜯어보니, 높이 48cm의 길쭉한 몸을 지닌 도자기에는 하얀 표면 위로 푸른색으로 묘사된 사실적인 소나무와 대나무 그림이 그려져 있구나. 헌데 딱 보아도 그림 수준이 상당히 높은 편이다. 단순한 도자기 장식으로 보이기보다 오히려 예술 작품에 가까운 표현이랄까? 무엇보다 소나무 표현에 있어 15~16세기에 유행한 마원계 화풍을 보여주는 듯하네. 마원(馬遠, 1160~1225년)은 중국 남송 시대 화가로 굴곡이 크며 거칠게 꺾여 있는 소나무 표현으로 유명하거든. 이런 풍의 그림이 명나라 시절 다시금 유행하더니, 조선에서도 상당한 인기를 얻었는데, 비슷한 구도로서 도화서 화원인 이상좌

송하보월도(松下步月圖), 조선 전기 전(傳) 이상좌(李上佐), 국립중앙박물관.

전(傳) 마원(馬遠) 필(筆) 사계산수도 "하경(夏景)", 국립중앙박물관.

등의 일부 작품이 전해지고 있다.

그런데 왜 도자기에 이렇듯 수준 높은 그림이 그려진 것일까?

해마다 사옹원(司饔院) 관리가 화원을 인솔하고 가서, 궁중에서 쓸 그릇을 감독하여 만든다.

《신증동국여지승람(新增東國輿志勝覽)》 권6, 경기 광주목조

《신증동국여지승람》은 조선 성종 때 만들어진 지리서인 《동국여지승람》을 바탕으로 추가 내용을 증보하여 만들어진 것으로, 기본 내용은 성종 시대를 바탕으로 구성되어 있지. 그런데 경기도 광주, 즉 백자를 생산하던 지역에 대한 설명 중 위의 대목이 나온다는 사실. 이 중 화원이 때마다 파견되었다는 부분을 특별히 주목하자. 그렇다. 이는 곧 그림 스타일로 볼 때 백자청화 "홍치 2년"명 송죽문항아리 역시 화원이 파견되어 그린 그림일 가능성이 높다는 의미. 이렇듯 화원이 그렸기에 회화의 격이 남달리 높았던 것이다.

마찬가지로 앞줄 가운데에 주인공처럼 위치한 국보로 지정된 '백자청화 매죽문항아리' 역시 남다른 회화 솜씨를 보여주고 있다. 하얀 피부에는 청화로 매화와 대나무 등이 표현되어 있으며, 앞서 본 백

백자청화 매죽문항아리, 개인 소장. 꽤 큰 크기임에도 좌우 균형이 정확하게 제작된 모습에 절로 감탄이 난다. ©Park Jongmoo

자청화 "홍치 2년"명 송죽문항아리에 비해서는 조금 정형화되었지만 역시나 사실적인 묘사가 일품이군. 뿐만 아니라 높이 41cm에 최대지름이 34.2cm에 이르는 당당한 백자 크기는 남달리 웅장한 힘으로 다가온다. 꽤 큰 크기임에도 좌우 균형이 정확하게 제작된 모습에 절로 감탄이 난다고나 할까. 이로써 미루어 볼 때 15~16세기 생산된 조선백자 한 점 한 점의 질적 수준은 18~19세기 조선백자보다 더 높아 보이기도 하는군.

한편 푸른빛의 청화를 조선에서는 회회청(回回靑)이라 하였으니 왜 그리 부른 것일까?

> 회회청을 중국에서 구하여 술병과 술잔에 그림을 그렸는데, 중국과 다르지 않았다. 그러나 회청이 드물고 귀하여 중국에서도 많이 얻을 수 없었다.
>
> 성현(1439~1504년), 『용재총화慵齋叢話』

당시 중국에서는 질 높은 청화의 경우 해외에서 수입하여 사용하고 있었다. 무엇보다 청화는 코발트라는 재료에서 뽑아 사용했는데, 당시 주요 코발트 생산지가 서아시아, 즉 이슬람 국가였거든. 이에 이슬람 즉 회회국(回回國)에서 수입했다 하여 회회청(回回靑), 또는 줄여서 회청(回靑)이라 불렀던 것.

문제는 그 가격이 무척 비싸다는 점이었다.

> 화원 이계진이 일찍이 공무역하는 회회청(回回
> 靑)의 값으로 흑마포(黑麻布) 12필을 받았으나 결
> 국 사오지 못하였습니다.
>
> 《조선왕조실록》 성종 19년(1488) 1월 23일

지금의 첨단 제품 자원 수급에 있어서도 마찬가
지지만 원재료를 직접 수입이 아닌 중간 단계인 중
국을 거쳐 구입한 만큼 그 가격이 만만치 않았거든.
뿐만 아니라 청화는 명나라에서도 수출을 엄격하게
규제하는 품목이었기에 종종 사오지 못하는 경우도
발생하였다.

당연히 재료 값이 매우 비싼지라 조선 전기, 즉
15~16세기에 제작된 청화백자는 그 숫자마저 매우
드물었으며, 엄격한 규제를 통해 제한적으로 사용
되는 등 사용처에 있어서도 한계가 분명했다. 더 나
아가 재료값 부담으로 그림 역시 아무나 그릴 수 없
었으니. 아예 중앙정부에서 활동하는 화원이 파견
되어 그림을 그렸던 것. 물론 가격 부담에 따라 한
때 조선에서는 토청(土靑)이라 부르는 자국산 코발
트를 개발하기도 했지만, 서아시아 것과 비교될 만
한 높은 수준의 청화는 결국 완성하지 못했다. 이에

청화백자를 만들기 위해서는 수입 청화가 계속 필요할 수밖에 없었으니.

이러한 화원 파견 시스템은 조선 후기 들어와 중국에서 생산하는 청화를 대량 수입할 수 있게 되면서 점차 바뀌게 된다. 중국 역시 높은 가격의 청화를 계속 수입해 오는 것에 부담을 느끼고 있었기에 자국산 청화 수준을 높이기 위하여 꾸준한 개발과 투자를 이어갔거든. 이것이 명나라 후반 들어오면 상당한 결과물을 보여주기 시작했다. 어느덧 서아시아 코발트 못지않게 짙고 훌륭한 색감을 보여주었으니까.

이를 청나라로부터 조선이 수입하면서 재료 가격이 이전보다 크게 낮아진 것이다. 덕분에 18세기 중반에 이르러 비로소 청화로 장식된 조선백자는 왕실, 사대부뿐만 아니라 중인들도 사용할 만큼 널리 퍼질 수 있게 된다. 이 과정에서 화원이 파견되어 그림을 그리는 시스템도 막을 내렸으며, 이를 대신하여 도공 중에서 그림을 잘 그리는 이가 청화 장식을 담당하게 되었지.

중국 청화백자로부터 영향

　　조선 청화백자는 첫 등장 때만 하더라도 중국 청화백자로부터 큰 영향을 받으며 발전하였다. 예를 들면 15세기 후반 조선에서 제작한 "백자청화 매죽문항아리"의 장식을 통해 이를 확인할 수 있군. 바로 앞에서 살펴본 도자기지. 마침 명나라에서는 이와 거의 유사한 디자인의 도자기가 생산된 적이 있었거든.

　　그래. 이 기회에 다시 한 번 스마트 폰을 이용해 볼까? 궁금증이 생기면 곧바로 검색부터 하는 버릇이 있어서 말이야. 구글에다 "青花松竹梅紋罐"이라 검색하면 음. 명나라 정통제(1436~1449년) 시절 제작된 매화, 대나무, 소나무가 장식된 백자가 뜨는군.

가만히 비교해보니 높이 33cm인 이 도자기는 전체적인 기형과 장식 등에 있어 조선 것과 무척 유사함을 가지고 있다. 당연히 시간 순서에 따르면 명나라에서 유행하던 디자인을 조선이 받아들여 제작한 것. 다만 조선의 백자청화매죽문항아리의 청화 빛과 회화 수준이 더 높아 보이는 이유는 그만큼 더 높은 공력이 들어갔기 때문이다. 이처럼 명나라와 비교될 만큼 만만치 않은 조선백자의 실력을 보여주는군.

이러한 디자인 연결 모습은 뒷줄에 전시 중인 청화백자를 통해서도 확인할 수 있다.

오호라~ 용이 그려진 쌍둥이 병이 보이는구나. 둘 다 보물로 지정되었으며, 15세기 후반 제작한 것으로 추정 중. 그런데 용의 수염과 비늘 등에서 느껴지듯 참으로 사실적으로 그려졌네. 또한 짙고 선명한 발색을 보이는 용은 그 위용이 남다르며 신묘한 구름이 주변에 함께하고 있구나. 이쯤해서 흥미로운 이야기를 하자면 용이 등장하는 기물은 조선 전반기만 하더라도 아무나 함부로 사용할 수 없었다.

전일에 또 화룡준(畵龍樽; 용이 그려진 항아리)을 휘순공주(徽順公主)의 집에 내려주라고 명했으

명 정통제 청화 송죽매문항아리(靑花松竹梅紋罐), 북경고궁박물원 ⓒ고궁
박물원 http://www.dpm.org.cn

백자청화 운룡문병, 개인 소장. ©Park Jongmoo

백자청화 운룡문병, 개인 소장. ©Park Jongmoo

니, 신들은 중국 사신이 올 때에도 잘 쓰지 않는 것인데, 하물며 공주의 집에 하사할 수 있겠는가 생각했습니다. 대체로 공주의 집에는 이와 같이 하지 않더라도 나중에는 장차 사치와 분수에 넘치는 폐단이 있을 것인데, 하물며 나라에서 내려주는 것이 이와 같을 수 있겠습니까?

《조선왕조실록》 연산군일기 8년(1502) 10월 29일

이 당시 연산군은 혼인하여 궁궐을 떠나는 자신의 첫째 딸인 휘순공주를 위해 화룡준, 즉 용이 그려진 항아리를 선물로 주고 싶었던 모양이다. 그러자 여러 신하들은 청화로 용이 그려진 항아리는 공주가 쓸 수 있는 물건이 아니라며 반대하였지. 이처럼 청화로 용이 장식된 도자기는 아무리 왕실이라도 함부로 사용할 수 없는 귀한 물건으로 취급받았던 것. 이를 미루어 볼 때, 용이 그려진 쌍둥이 병은 과거 왕이나 세자가 술병으로 사용하던 물건이 아닐까 싶군.

다시 백자청화 운룡문병의 디자인을 이야기해보자. 이 도자기의 전반적인 디자인 역시 명나라로부터 영향 받은 것이라는 사실. 조선 성종 시대와 겹치던 명나라 성화제 시절 명나라 관요에서 유행하던 장식이 그것이다. 당시 명나라에서는 백자 중간

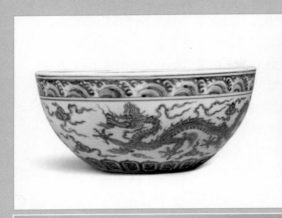

위 | 명나라 선덕제(1425~1435년) 청화 운용문그릇(靑花雲
龍紋杯), 소더비 경매. 아래 | 명나라 성화제(1464~1487년)
청화 운용문그릇(靑花雲龍紋大碗), 대만 국립고궁박물관. 두
그릇은 백자 중간 그림 위아래로 화려한 보조 장식을 빽빽
이 배치하던 모습에서 점차 벗어나 주제 그림을 강조한 채
위아래로는 한 줄이나 두 줄의 선으로 가볍게 선을 그어두
는 기법으로의 변화를 보여준다.

그림 위아래로 화려한 보조 장식을 빽빽이 배치하던 모습에서 점차 벗어나 주제 그림을 강조한 채 위아래로는 한 줄이나 두 줄의 선으로 가볍게 선을 그어두는 기법이 유행하고 있었거든.

이런 회화 장식은 명나라 초기부터 조금씩 등장하였으나 본격적으로 큰 인기를 누리는 시점은 다름 아닌 성화제 시절(재위 1464~1487년)이었다. 이런 방식으로 장식이 그려지자 도자기 중간에 위치한 주제 그림이 강조되면서도 전체적으로 여유 있는 느낌이 연출된다. 이런 디자인은 명나라 민요에서도 마찬가지로 크게 유행하고 있었지. 이러한 디자인의 변화를 관심 있게 바라본 조선이었기에 성화 시절 제작되던 격조 높은 청화백자 디자인을 응용하여 백자청화 운룡문병을 제작했던 모양.

이외에도 명나라 청화백자에 영향을 받아 제작된 조선 15~16세기 청화백자 디자인이 무척 많으나, 일일이 다 비교하며 보다보면 거의 하루 종일 걸릴지도 모르겠구나. 이에 오늘은 이 정도만 이야기하고 넘어가도록 하자. 대신 조선에서 이렇듯 명나라 청화백자에 남다른 관심을 가지게 된 중요한 계기가 있었으니. 이번에는 이를 한 번 알아볼까?

조선과 명나라

　임금(태종)이 여러 신하에게 이르기를, "일찍이 무과에 합격한 자는 항상 스스로 병서를 익숙하게 읽고 있는가? 익숙하게 읽지 않는다면 장차 어디에 쓰겠는가? 들으니, 황제(영락제)가 안남(安南; 베트남)을 정벌할 때 안남 사람들이 속수무책으로 죽임을 당했고 대적할 자가 없었다 한다." 하니,

　공조 판서 이내가 대답하기를, "천하의 군사로 이 조그마한 나라를 정벌하니, 누가 감히 대적할 자가 있겠습니까?" 하였다.

　임금이 말하기를, "그렇지 아니하다. 군사는 참되고 바른 데에 있지 많은 데에 있지 않다. 어찌 한 가지만 가지고 말할 수 있는가? 또 안남국왕이 황

제에게 달려가서 고(告)하였으니, 황제의 거사가 그렇게 하지 않을 수 없는 것이다. 황제가 본래 큰 것을 좋아하고 공을 기뻐하니, 만일 우리나라가 조금이라도 사대(事大)의 예를 잃는다면, 황제는 반드시 군사를 일으켜 죄를 물을 것이다. 나는 생각하기를 한편으로는 지성으로 섬기고, 한편으로는 성을 튼튼히 하고 군량을 저축하는 것이 가장 오늘날의 급무라고 여긴다.

《조선왕조실록》 태종 7년(1407) 4월 8일

조선은 개국 후 명나라와 친밀한 관계를 만들고자 부단히 노력했다. 이를 소위 사대교린(事大交隣) 정책이라 하는데, "큰 나라는 섬기고 이웃과는 사귄다."라는 의미를 지니고 있지. 당연히 여기서 큰 나라는 명나라를 뜻하며, 이웃은 일본, 류큐, 여진 등을 뜻한다. 게다가 명나라는 3대 황제인 영락제(재위 1402~1424년) 시대가 되자 황제가 직접 대군을 이끌며 북방의 몽골을 수차례 공략하고, 남쪽으로 병력을 보내 베트남 왕조를 무너뜨리는 등 강력하게 국력을 표출하는 중이었다. 이런 모습은 한때 요동을 두고 명나라와 대립 구도를 이어갔던 한반도 왕조에게 큰 두려움으로 다가왔다. 즉 조선은 생존을 위해 명나라와의 우호 관계가 반드시 필요했던

세종대왕 어진

것. 그 결과 조선은 황제가 요구하는 군마를 포함한
금, 은 등 엄청난 물자를 때마다 명나라에 보내며 한
동안 철저하게 을로서 처신하였다.

그렇게 시간이 흘러 명나라는 선덕제(재위
1425~1435년)가 통치하고, 조선은 세종(재위

1418~1450년)이 통치하는 시대가 열렸다. 이 시기에도 조선은 사대 정책을 바탕으로 명나라와의 외교를 이어가고 있었으나, 분위기가 점차 바뀌어가고 있었다. 선덕제는 영락제와 달리 군사적인 팽창정책을 더 이상 펼치지 않았고, 명나라와의 외교에 진심이었던 조선에 대해 매우 우호적이었기 때문. 오죽하면 세종이 요청하자 조선에게 큰 부담이었던 금, 은 등은 더 이상 명나라에 보내지 않아도 된다고 했을 정도였으니까.

반사품(頒賜品; 황제가 보낸 선물)은 금 바탕에 각색 보석과 진주를 낀 허리띠 1벌, 붉은 선을 두르고 전부 흑칠을 하고 자개를 박은 둥근 합 1개, 금·은으로 꽃무늬를 새겨 넣고 각색 보석과 진주로 꾸민 각색 칼자루가 달린 강철로 만든 칼 1자루, 곱게 수를 놓고 금을 두른 춘대(春帶)와 순금 바탕에 보석을 끼어 학(鶴)의 머리와 같이 만든 자루가 달린 강철로 만든 단도자(單刀子) 1자루, 은 500냥(兩), 저사(紵絲) 23필, 사(紗) 20필, 나(羅) 20필, 융금팔단 채견(絨金八段綵絹) 20필, 청화사자백자탁기(靑花獅子白磁卓器) 3탁(卓), 청화운룡백자주해(靑花雲龍白磁酒海) 3개였다.

《조선왕조실록》 세종 12년(1430) 7월 17일

명나라 선덕제가 보낸 반사품 중 하나인 백자청화 주해(白磁靑花酒海),
《세종실록》, 오례. 아쉽게도 그림으로만 남아 있다.

뿐만 아니라 선덕제는 조선에 사신을 보내면서 명나라에서 제작한 수준 높은 백자를 세종에게 여러 차례 선물로 보내기도 했다. 대표적 예로는 세종실록 오례(五禮; 나라에서 제사지내는 다섯 가지 의례)에 '백자청화 주해'로 등장하는 청화백자로서 용이 그려진 큰 크기의 백자 항아리가 있다. 이는 1430년 선덕제가 보낸 것으로 위 기록 마지막에 등장하는 청화 운룡백자주해(靑花雲龍白磁酒海) 3개가 다름 아닌 그 주인공. 왕의 권위를 상징하는 용이 그려진 커다란 항아리인 만큼 조선에서는 큰 행사 때마다 해당 백자를 사용하며 중요하게 다루었지.

한편 위 기록에 등장하는 청화 사자백자탁기(靑花獅子白磁卓器) 3탁(卓)은 무엇이었을까? 1탁(卓)은 식탁에 쓰이는 15~21개의 백자로 이루어진 식기 세트로서 청화로 사자가 그려진 여러 종류의 백자를 한 벌로 하여 총 3개 세트를 보낸 모양. 이런 청화백자 역시 매우 귀하게 여긴 만큼 왕이 식사할 때나 사용했으니,

지난번에 창성(昌盛; 명나라 사신)을 위로하여 잔치할 때에 황제께서 내려준 자기를 사용하지 않았더니, 창성이 말하기를, "왜 쓰지 않습니까." 하므로, 내가 말하기를, "내려주신 자기는 품질이 좋

청화 운룡문선덕년제명항아리(靑花雲龍紋宣德年製銘缸, 메트로폴리탄박
물관. 선덕제 시절 만들어진 용이 등장하는 청화백자는 현재 세계적인
박물관 여러 곳에서 소장 중이다. 이 중 메트로폴리탄 소장품의 경우 세
종 시대 유입된 명나라 백자와 무척 닮았다.

고 본국의 자기는 품질이 나쁘니, 주인의 탁자에는 좋은 그릇을 놓고 손님의 탁자에는 나쁜 그릇을 놓으면, 손님을 대접하는 뜻에 어그러질까 두렵기 때문이오." 하였더니, 창성이 말하기를, "황제께서 주신 것인데 무슨 관계가 있습니까." 하여, 강청한 연후에 이를 사용하였다. 그 뒤에 사신 김만(金滿)이 왔을 때에 창성의 말대로 역시 이를 썼더니, 김만이 좋아하지 않는 빛이 있었다. 그래서 내가 원인과 이유를 말한 뒤에야 김만이 기뻐하였다.

《조선왕조실록》 세종 17년(1435) 4월 11일

해당 기록은 명나라 사신인 창성이 황제가 보내준 백자를 세종이 왜 사용하지 않느냐며 물었다는 내용이다. 이에 세종은 자신은 명나라의 뛰어난 백자를 식기로 사용하면서 명나라 사신에게는 조선의 품질이 떨어진 식기를 내놓으면 손님을 대접하는 모습이 아니라 이야기했지. 그러자 창성이 괜찮다고 강권하여 결국 세종은 명나라 백자를 사용하였는데, 이후 또 다른 명나라 사신인 김만은 식사 자리에서 세종이 명나라의 좋은 식기를 쓰는 반면 자신은 조선의 품질이 떨어지는 식기를 쓰니, 기분이 좋지 않았던 모양. 그러자 세종은 김만에게 전에 온 명나라 사신 창성이 권하여 그런 것이라 이야기한다.

명나라 선덕제 청화 쌍사자문전시(明宣德靑花雙獅文盤), 국립고궁박물원
ⓒ고궁박물원 http://www.dpm.org.cn

나름 재미있는 일화인데, 이를 통해 당시 명나라 황제가 보내준 백자들은 조선 내에서 왕 정도만 사용할 수 있던 대단히 귀한 물건으로 취급받았음을 알 수 있다. 조선 내에서 정승급 대우를 받으며 위세 등등하던 명나라 사신들마저 세종이 명나라 백자를 쓰거나 쓰지 않는 것에 반응을 보였을 뿐 감히 자신들이 함께 사용할 생각은 하지 못했으니까. 그렇다면 선덕제는 왜 이렇듯 조선에 귀한 백자를 보내준 것일까?

당시 명나라에서는 조선 국왕을 자국의 의례에 따라 명나라 번왕(藩王)과 동일한 대우를 해주었다.

번왕은 제후 왕을 의미하니, 황제를 중심으로 중국 내부에는 주씨 성을 지닌 황실 가문의 주요 남성, 중국 외부에는 조선과 같은 주요 조공국 국왕이 바로 그 대상. 명나라는 1370년 《번국의주(藩國儀注)》라 불리는 책을 만들어 한반도에 보냈는데, 이는 번국이 명 황제나 사신에게 행하는 의식 등이 담겨 있다. 이를 통해 명나라는 예제(禮制)를 매개로 삼아 중국과 번국들로 이루어진 천하를 다스리는 새로운 방식의 화이 질서를 구현하고자 한 것이다.

덕분에 이처럼 엄격한 의례 제도를 구비하고 운영하는 국가일수록 명나라로부터 높은 대우를 받게 되니, 조선이 바로 그 대표적인 예였다. 그래서일까? 조선과 명나라는 다른 주변국과는 달리 약 250여 년간 남다른 동맹 관계를 유지하였다. 1467년 북방의 여진족을 토벌할 때 조선, 명 군대가 연합하여 성공적으로 작전을 펼친 적도 있었으며, 1592년 임진왜란 때도 명나라 군대가 한반도로 지원 오는 등 군사 작전도 함께할 정도로 친밀한 관계였던 것.

때마침 선덕제 시절은 명나라의 관요 제도가 자리 잡은 중요한 시기였다. 이때 관요란 국가가 직접 제작 및 관리를 맡고 그 생산품은 주로 황제를 위해 궁궐에서 사용하던 그릇을 제작하는 곳이었거든. 그 과정에서 생산된 관요 백자 및 청화백자 중 일부

우한(武漢) 강하구 (江夏區) 명나라 번왕 가족묘 출토 청화자기

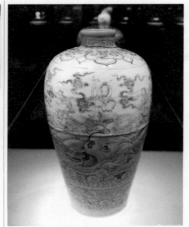

명나라 번왕인 촉왕부(蜀王府)의 환관인 태감 묘에서 출토된 청화자기.

를 황제는 명나라 의례에 따라 자국 내 번왕뿐만 아니라 조선에도 선물로 보내준 것이다. 다만 현재 명나라 번왕 무덤들에서 출토되는 백자 질을 살펴볼 때 황제가 사용하던 것보다는 일부러 그 격을 한, 두 단계 아래로 제작한 것들이었다. 아무래도 당시 시대가 엄격한 신분 사회를 중시했던 만큼 신분에 따른 구별이었겠지. 즉 황제 물건보다 일부러 다운 그레이드한 백자를 번왕에게 보내준 것이니, 이는 조선에 보낸 백자 역시 마찬가지가 아니었을까?

예조에 전지하기를, "문소전(文昭殿)과 휘덕전
(輝德殿)에 쓰는 은그릇들을 이제부터 백자기(白磁
器)로 대신하라."라 하였다.

《조선왕조실록》 세종 29년(1447) 6월 4일

이처럼 명나라로부터 수차례에 걸쳐 고급 백자
를 받아 왕 전용 그릇으로 사용하면서 드디어 세종
은 큰 결심을 하게 된다. 왕이 사용하는 그릇을 완
전히 백자로 대처하도록 한 것. 위 기록에 등장하는
문소전은 태조와 태종의 위폐를 모신 사당이며 휘
덕전은 세종의 왕비였던 소헌왕후의 위폐를 모신
사당이었다. 그렇다면 왕과 왕비의 사당에 올리는
그릇마저 은그릇에서 백자로 바꾼 만큼 생존하는
왕이 사용하는 그릇 역시 완전히 백자로 바꿨음을
의미하고 있지.

이로써 조선 도자기는 앞으로 달성해야 할 분명
한 목표가 생겼다. 명나라 황제가 사용하는 최상의
백자 수준은 아니더라도 최소한 명나라 번왕이 사
용하는 수준까지는 달성하여 조선을 통치하는 왕의
권위를 높여야만 했으니까. 이를 위해서는 당연히
기존의 백자와 격을 달리하는 질 높은 백자를 생산
해야만 했다.

세조와 백자

(황제가 보낸) 백자는 맑고 투명한데, 무늬도 아름다운 비단 같으며

《조선왕조실록》 세종 12년(1430) 7월 22일

사실 세종 시대에는 조선도 백자를 이미 생산하고 있었다. 다만 명나라 백자와 비교하면 질에서 결코 높다고 할 수 없었으며, 표현 기법 역시 고려의 상감청자 기법이 이어진 상감백자가 주력이었지. 이런 상황에서 명나라 관요급 백자가 황제의 선물로 유입되어, 그 질과 수준을 보니 절로 감탄이 나올 수밖에. 얇고 단단한 하얀 외벽에 청화로 세밀하게 그려진 그림이라니, 당시 기준으로 너무나 놀라운 경지였던

만큼 마치 신문물 같은 느낌이었을 테니까.

　이외에 류큐와 일본에서도 조선에 사신을 보내며 청자와 더불어 종종 백자를 바쳤는데, 한 번에 1000점의 자기를 보내기도 했다. 이는 중국과 무역을 통해 구입하여 전달한 물건이자 민요에서 생산된 물품이라 하겠다. 당연하겠지만 관요는 황제를 위한 기물이기에 아무나 쉽게 얻을 수 있는 기물이 아니었거든. 반면 민요는 시장에 파는 것이 목표였기에 능력만 있다면 언제든 구입할 수 있었다. 즉 세종 시대에는 명나라 관요, 명나라 민요 등이 조선 왕실에 적극 유입되었고, 이런 분위기 속에서 조선 백자 역시 명나라 수준에는 못 미치나 상감백자와 순백자를 중심으로 어느 정도 왕실 기물로서 자리 잡았던 것.

　그러던 어느 날 명나라에서 엄청난 사건이 터졌다.

　　예조에 전지하기를, "듣건대 중국에서 청화자기를 금하여 외국 사신에게 팔거나 주면 죄가 죽음에 이른다고 하니, 이후로는 북경과 요동에 가는 행차에 자기를 무역하는 것을 일체 금하라." 고 하였다.

　　　　　　　《조선왕조실록》 세종 30년(1448) 3월 3일

명나라는 선덕제 이후 정통제(재위 1435~1449

년)가 왕위에 올랐다. 그런데 당시 명나라는 주변국이 함부로 무역을 시도하는 것에 대해 갈수록 불만이 커진 모양이다. 특히 북방 몽골의 경우 말 숫자나 가격을 속인 채 명나라 물품과 바꾸는 일이 빈번하게 벌어졌거든. 예를 들면 말 2000필을 팔면서 3000필이라 속이는 방식이 그것. 그러자 조공 무역에 따른 물품 거래 외에는 다른 기타 무역을 금지하는 등 엄격한 모습을 보이고자 한다. 이에 따라 조선 역시 명으로 사신들이 파견된 김에 북경, 요동 등에서 중국 청화백자를 구입하던 일을 한동안 멈춘다.

> 황제가 잘못 오랑캐에게 잡혀 가고 새 황제가 즉위하여 이 같은 큰 변이 있으니, 사신 보내는 일을 속히 진행해야 할 것이며, 또 양계(兩界; 평안도와 함경도)의 방어하는 것을 더욱 경계하고 엄하게 해야 할 것이다.
>
> 《조선왕조실록》 세종 31년(1449) 9월 29일

하지만 이번 명나라 정책은 결국 몽골의 큰 반발을 일으켰으니, 이들은 수만 명의 기병을 이끌고 명나라 국경을 쑥대밭으로 만들기 시작했다. 이에 정통제가 직접 군대를 이끌고 나서는 친정(親征)을 시도했지만, 오히려 몽골에게 크게 깨지고 황제가 포

청화 목단당초문매병(牡丹唐草文梅甁), 명나라, 오키나와현
립박물관미술관(沖繩縣立博物館美術館).

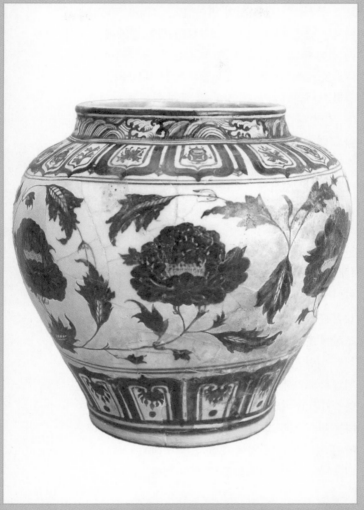

청화 목단당초문항아리(牡丹唐草文壺), 명나라, 오키나와현
립박물관미술관(沖繩縣立博物館美術館).

로로 잡히는 기막힌 일이 벌어졌다. 그러자 명나라에서는 급한 대로 정통제의 이복동생이 황제에 올라 경태제(재위 1449~1457년)가 된다. 조선에 이런 급박한 소식이 전달되자 세종은 당시 아픈 몸을 이끌고 명나라와의 외교 정비 및 국경 방비에 나섰으나, 결국 다음해 병이 더 깊어져 돌아가셨다. 이처럼 국내외적으로 불안정한 상황이 이어지는 가운데 수양대군이 조카인 단종을 폐하고 왕위에 오르는 사건이 발생했으니, 그가 바로 그 유명한 세조(재위 1455~1468년)다.

세조는 세종을 이은 형 문종이 일찍 세상을 뜨고 문종의 아들인 어린 조카 단종이 왕위에 오르자 쿠데타를 통해 권력을 잡았는데, 이때 그동안 명나라와의 외교를 통해 국내외적으로 남다른 위상을 키운 것이 큰 힘이 되었다. 아픈 세종과 문종을 대신하여 조선에 온 명나라 사신을 접대하거나, 단종 시절 자신이 직접 사신으로 명나라에 파견되며 구축한 권력이었지. 그 결과 비정상적으로 황제가 된 경태제는 마찬가지로 비정상적으로 왕위에 오른 세조를 묵인하는 방식으로 그의 쿠데타를 지지해주었다. 그런데 왕이 된 세조는 백자에 대한 집착이 더욱 남달랐으니, 다음과 같은 기록을 통해 알 수 있다.

"어제 사옹원(司饔院)에서 수라상을 올릴 때 세
자의 그릇을 섞어 썼으니 심히 불가하다. 만약 이
렇게 한다면 아비와 아들이 그릇을 같이하고 임금
과 신하가 그릇을 같이 하며 주인과 종이 그릇을 같
이 하는 것이니, 명분이 어디에 있으며 야인(野人)
들과 무엇이 다르겠는가?"

《조선왕조실록》 세조 8년(1462) 11월 30일

　　이는 왕실 내 왕과 세자마저 그릇의 격을 달리하
는 등 신분에 따라 그릇에 차별을 두고자 했음을 보
여준다. 이처럼 세조가 내린 명으로 인해 점차 왕과
세자의 그릇에 차이를 두면서 동일한 기형이어도
백자는 왕이, 청자는 세자가 사용하는 문화가 15세
기 후반부터 17세기 초반까지 궁궐 내 뿌리 깊게 자
리 잡았다.

　　공조(工曹)에서 아뢰기를,
　　"백자기(白磁器)는 위에 진상한 것과 이전에 제
작한 것을 제외하고는 지금부터 공사 간(公私間)에
이를 사용하지 못하게 하고, 위반한 사람은 공인
(工人)까지도 제서유위율(制書有違律; 왕의 명을
어긴 이에게 적용되는 처벌)로 단죄하도록 하고,
또 공물(工物)을 정하지 말고 공사(公事)를 빙자하

15세기 후반~16세기 조선 백자항아리, 국보, 개인 소장. ©Park Jongmoo

여 사사로이 제조하는 폐단을 방지하며, 무릇 백토
가 산출되는 곳은 소재 읍으로 하여금 몰래 쓰는 것
을 금하고 빠짐없이 장부에 기록하여 본조(本曹)와
승정원(承政院)에 간수하게 하소서."

하니, 그대로 따랐다.

《조선왕조실록》 세조 12년(1466) 6월 7일

그럼에도 불구하고 질 높은 백자를 원하는 사람
들은 갈수록 많아졌다. 문제는 양반들 역시 왕실처

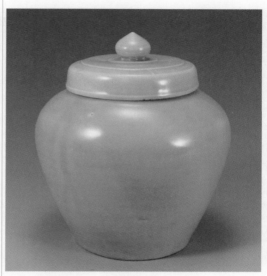

15세기 후반~16세기 조선 청자항아리, 호림박물관.

럼 백자를 쓰고 싶건만 왕실에서 엄격하게 제약을
했기에 이를 얻기란 결코 쉽지 않았지. 그러자 도자
기요에서 공물이라는 핑계로 백자를 더 제작한 후
이를 사사로이 파는 행위가 늘어났던 모양. 세조는
이를 적극적으로 막기 위해 백자를 아무나 사용할
수 없도록 하는 것을 넘어 아예 백토, 즉 재료마저
철저히 관리하도록 명했다.

　이렇듯 세조의 백자에 대한 남다른 집착은 결국
재위 마지막 시점인 1468년경 백자 생산지로 유명

한 경기도 광주에 관요(官窯)를 만드는 계기가 된다. 이로써 조선 전기 백자는 화려한 꽃을 피울 기반이 마련되었다. 왕실의 음식과 식사를 관리하는 기관인 사옹원(司饔院)에서 하급 부서인 분원(分院)을 경기도 광주에 설치한 후 왕실과 관청에서 필요한 고급 백자를 감독, 제작하도록 했으니까. 이는 명나라 관요 제도를 조선식으로 도입한 결과물이었지.

순백자의 미감

특별전이 개최되고 있는 블랙박스의 가장 깊은 공간으로 발걸음을 옮기자 순백자가 대거 모여 있구나. 역시 백자의 가장 깊은 미감은 순백자 그 자체가 아닌가 싶다. 청화로 그려진 화려한 장식은 없지만 그 대신 백색의 표면을 통해 그 깊이가 두드러지게 다가오거든. 뿐만 아니라 뛰어난 질을 지닌 백자 위에 청화가 입혀지는 순간 청화백자가 되는 만큼, 당대 백자 수준을 파악할 수 있는 가장 기본적이면서도 중요한 기물이라 하겠다.

이 중 내 눈을 가장 먼저 끄는 도자기는 보물로 지정된 백자 반합이다. 15세기 말에서 16세기 초반에 제작된 해당 도자기는 좌우가 완벽하게 대칭되는 단단한 기형이 무척 매력적인걸. 조선 전성기 시절의 자신감이 절로 느껴진다고나 할까?

반합은 밥그릇이기에 저 도자기가 만들어질 당시에는 안에 밥이나 국이 담겼던 모양. 물론 백자 자체부터 귀하던 조선 전기 시절인 만큼 저 정도 그릇을 사용하는 인물은 당연히 보통 위치가 아니었겠지. 마침 해당 도자기는 금속기로 만든 그릇을 모방하여 만든 것으로 동시대 유기 또는 은그릇 디자인을 그대로 옮겨왔다. 그래서일까? 도자기 특유의 따스한 분위기보다 금속 그릇에서 느껴지는 날카로움이 먼저 다가온다.

흥미로운 점은 비단 지금 눈에 보이는 반합뿐만 아니라 조선 전기에 제작된 백자는 유독 좌우 비례가 완벽하게 대칭되면서도 새하얀 피부를 자랑하는 기물이 많이 제작되었다는 것. 이는 조선에서 관요 제도를 정립하여 본격적으로 백자 제작에 나설 때 도공들이 상당한 질을 자랑하던 명나라 백자와 비교하며 제작에 나섰기 때문이 아닐까 싶군. 당시만 하더라도 명나라에서도 최고 수준의 관요를 제작한 것으로 유명한 선덕제 백자가 왕실에 대거 소장되어 있었기에 웬만한 수준이 아니라면 주요 고객, 즉 왕과 왕실 사람들을 만족시키지 못했을 테니까.

그렇다면 조선의 관요 제도는 어떻게 운영되었

백자 반합, 호림박물관. ©Park Jongmoo

을까?

別分司饔權直長行 余爲軍資正時同僚
(분사옹원(分司饔院)의 직장(直長) 권행(權行)
과 헤어지며, 내가 군자감정(軍資監正; 군수품을
관리하는 관청) 때의 동료이다.)

同監初識漢中面
(군자감의 동료로 한양에서 처음 알았고)

分院更看湖外身

(분원(分院)의 사람이 되어 호서(湖西)에서 다시 만났네)

我照銅霜線長

(나의 귀밑머리 구리 거울에 비춰보니 서리처럼 희고 길지만)

君髥垂膝墨華新

(그대의 수염 무릎에 드리워져 먹같이 빛나고 새롭네)

尊前歲月驚流水

(술잔 앞의 세월은 놀랍게도 물 흐르는 듯 지나가니)

客裏鶯花惜暮春

(객지에서 보는 꾀꼬리와 꽃 저무는 봄 아쉬워라)

明日廣陵人事別

(내일 광릉(廣陵; 광주)에서의 일로 이별하노니)

衣征馬草如茵

(겹옷을 입고 말을 타고 가는 길 풀은 방석 같겠지)

崇儉君王家法純

(검소함을 숭하는 군왕의 법이 순수하여)

用須瓷器斥金銀

(자기 그릇을 쓰면서 금은을 물리쳤네)

白黏歲撅中原土

(희고 차지어 해마다 중원(中原; 충주)의 흙을

캐내고)

　材美秋燒廣嶺薪

(땔감이 좋아 가을마다 광령(廣嶺; 광주)의 땔나
무로 굽는다네)

　身出禁中分內院

(몸은 궁궐의 내원(內院)에서 나뉘어 나와)

　事專江表領工人

(일은 강가의 공인을 거느리는 것 전담한다네)

　草書傳得公孫劍

(초서는 공손대랑(公孫大娘; 당나라 무희)의 칼
솜씨를 빌어 터득했지만)

　陶世規模在彼勺

(도공(陶工) 세계의 법도는 저 물레에 있다네)

박상, 《눌재집(訥齋集)》

　박상(朴祥, 1474~1530년)은 연산군과 중종 시절
남달리 강직한 성격으로 유명했던 인물이다. 그런
그가 1520년대 어느 날 과거 군수품을 관리하는 관
청에서 함께 일한 동료인 권행을 충청도에서 뜻하
지 않게 만났다. 마침 권행은 종7품인 직장(直長) 신
분으로 사용원의 하급 부서인 분원에서 일하는 중
이었거든. 그래서일까? 박상은 옛 동료인 권행이 그
시점에 하고 있던 일을 상세히 시로 남겼구나.

시에 등장하듯 권행은 늦봄에 충주의 백토를 캐서 경기도 광주로 옮기는 중 박상을 만났으니, 두 사람이 헤어진 이후에는 권행은 광주의 강가에 위치한 요로 이동하여 도공들이 백자를 굽는 것까지 관리할 예정이었다. 이처럼 경기도 광주에 위치한 관요로 직접 파견되어 일을 관리하는 임무는 종7품인 직장(直長) 또는 종8품 봉사(奉事)가 주로 맡았다.

특히 당시 관요의 번조는 춘·추 번으로 구분되었는데, 이때 책임자는 음력 2~6월(춘등분)과 음력 6~10월(추등분)에 관요로 파견되어 백자 제작을 감독하였다. 이를 위해 1차로 음력 2월 한양에서 광주로 출발하여 춘등분 백자를 가지고 음력 6월 한양으로 돌아왔고 2차로 음력 6월 추등분 백자를 생산하기 위해 다시 광주로 가서 음력 10월 백자를 가지고 한양으로 복귀하였다. 즉 겨울을 제외하고 제작에 임한 것이니, 아무래도 땔감 수급을 위해 그랬던 모양. 이로써 권행이 춘등분 백자의 제작에 임할 때 박상을 만났음을 알 수 있군.

한편 조선 성종 때 완성된 《경국대전》에 따르면 분원에는 도공 총 380명이 소속되어 있었다. 이들은 전국의 여러 지방 가마에서 일하던 도공들로 정기적으로 경기도 광주로 파견되어 백자를 제작하였지. 이에 분원 초반만 하더라도 지방 분청사기 가마

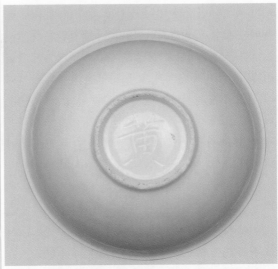

백자 천지현황명발 중 '황(黃)'자 명 백자, 국보, 15세기 말~16세기 초,
국립중앙박물관. 조선 전기 관요 백자다.

에서 제작되던 표현법이 경기도 광주의 백자에 응용되는 모습도 있었지만, 얼마 뒤 백자만의 미감이 발달하면서 질적으로 상당한 수준의 백자까지 만들어냈다. 심지어 순백자 일부 기형에 한해서는 명나라 관요급 도자기와도 경쟁할 수준이 될 정도였다. 나름 관요가 생긴 후 짧은 기간 동안 이룩한 놀라운 결과였다. 지금 눈으로 본다면 첨단 미국 기술을 한국에서 단시간에 따라잡은 모습과 유사하려나?

자기의 경우 백토를 써서 정치(精緻)하게 만들어야 사용하기에 좋다. 외방 각 도(道)에 만드는 사람이 많이 있으나, 다만 고령(高靈)에서 만드는 것이 가장 정교하다. 그러나 그것도 광주(廣州)에서 만든 것만큼 정묘하진 못하다. 해마다 사옹원(司饔院) 관리를 좌우편으로 나누어 각각 서리를 인솔하고 봄부터 가을까지 만드는 것을 감독하여 어부(御府; 왕의 물건을 보관하는 곳)에 보내어 바치게 하였는데, 그 공로를 기록하여 등급의 차례를 정하여 뛰어난 사람에겐 물건을 하사하였다.

세종 때에 임금이 사용하는 그릇은 오로지 백자기를 썼는데, 세조 때에 이르러서는 채색한 자기를 섞어서 썼다. 회회청(回回靑)을 중국에서 구하여 술병과 술잔에 그림을 그렸는데, 중국과 다르지 않았다. 그러나 회청이 드물고 귀하여 중국에서도 많이 얻을 수 없었다. 조정에서 의논하기를, "중국에서는 비록 궁벽한 촌의 조그만 오막살이 술집에서도 모두 그림을 그린 그릇을 사용하는데, 어찌 다 회청으로 그린 것이리오. 응당 다른 물건으로 그릴 만한 것이 있을 것이다."라 하였다. 중국에 가서 물으니, 모두 말하기를, "이는 토청(土靑; 중국에서 만든 청화)이다." 하였으나, 토청 역시 구할 수가 없었다. 이런 이유로 우리나라에서는 그림 그린 사기그릇이 매우 적다.

성현, 《용재총화慵齋叢話》

이는 조선 성종 시대 학자였던 성현(成俔, 1439~1504년)이 백자에 대해 남긴 글로 해당 문장 가장 앞부분에 등장하는 '정치(精緻)'라는 표현을 특별히 주목하자. 이는 정교하고 치밀하다는 뜻을 지니고 있으니, 그만큼 백자를 만들기 위해서는 상당한 수준의 정밀함이 요구됨을 강조하는 내용이라 하겠다.

무엇보다 성현은 사옹원에서 정3품 사옹원정(司饔院正)을 역임한 적이 있었기에, 한양에서 일하면서 왕실에 진상된 최상급 백자를 여럿 보고 관련 정보를 얻을 수 있었거든. 덕분에 고려부터 조선 성종 때까지의 여러 문물 제도를 모은 《용재총화》라는 책을 쓰면서 당시 백자에 대한 기록 역시 위 내용처럼 상세히 남긴 것이다.

이로써 지금의 나뿐만 아니라 당시 조선 고위층 인물 역시 정교하고 치밀한 자기로서 조선 전기 백자를 바라보았음을 알 수 있네. 특히 당대 인물마저 뛰어난 조선 청화백자의 경우 가히 중국 것과도 큰 차이를 못 느낄 정도로 우수하다고 여기고 있었다. 참으로 대단한 수준의 백자가 만들어지던 시절이었다.

백자를 얻으려는 노력

한반도의 백자 인기는 조선 왕실에서 특별한 관심을 보이며 시작되었다. 특히 왕실에 필요한 고급 백자를 매번 명나라에서 구하는 것이 아닌 안정적인 공급을 위해 직접 생산하고자 노력하면서 관요가 설립되었지. 그렇게 경기도 광주에 관요가 도입되자, 실제로도 명나라 백자와 비견될 만한 고급 백자가 제작되기에 이른다. 일부 기형과 청화백자에 한해서는 명나라 관요와 비슷한 수준까지 올랐으니, 상당한 성과였다.

하지만 화려한 백자 생산 이면에는 커다란 문제가 존재했다. 안타깝게도 경기도 광주에 설치된 관요만으로는 고급 백자를 대중화할 만한 규모와 생산 능력을 갖추지 못했거든. 당연하게도 이 시기 관요는 질 높은 백자를 생산하여 왕실에 보내는 것이 1차 목표였으니까. 게다가 왕명을 통해 백자 사용을 엄격히 제한하기도 했고 말이지. 그 결과 그나마 관요로부터 필요한 물건을 공급받는 왕실, 일부 관청 이외에는 백자를 자유롭게 사용하기란 결코 쉬운 일이 아니었다. 상황이 이러하자 고급 백자를 사용하고 싶은 이들은 어쩔 수 없이 여러 편법과 불법을 동원할 수밖에.

> 종묘서제조(宗廟署提調) 이염의가 와서 아뢰기를,
> "묘중(廟中)에서 일찍이 그릇을 놓는 상 9개를 잃어버렸는데, 이제 들으니 고(故) 사약(司鑰; 정6품) 강승통의 집에 1개가 있다고 하여 물어보니, 수복(守僕; 잡역을 하던 하급 관원)이 판 것이라고 합니다. 청컨대 사람을 보내어 수사하도록 하소서."
> 하니, 명하여 선전관 이승언을 보내었다. 강승통의 집에 이르러 탁자 2개, 제기 1개, 백자완(白磁椀) 50개를 찾으니, 의금부에 내려 국문하게 하였다.
>
> 《조선왕조실록》 성종 21년(1490) 9월 25일

이는 백자를 구하고 싶어 오죽하면 종묘에서 사

감모여재도(感慕如在圖). 19세기 작품이지만 조선 시대 제사 때 백자의 활용을 확인할 수 있다. 서울역사박물관.

용하던 그릇을 몰래 빼돌려 문제가 된 사건이다. 당연하게도 보통 사건이 아닌지라 의금부를 통해 국문까지 이루어졌지. 엄격한 신분 사회에서 왕실 묘당에서 사용하던 그릇을 훔치다니, 목숨을 걸 만큼 뜨거웠던 백자에 대한 관심이 느껴진다. 다만 강승통처럼 궁궐의 자물쇠를 관리하던 겨우 정6품에 위치한 인물이 이 정도로 백자에 관심을 가졌다면 그보다 높은 고위층들은 과연 백자를 어떤 방식으로 구했을까?

> 간원(諫院)이 아뢰기를,
> "경명군(景明君)은 외람된 일이 많이 있습니다. 자준(磁樽)·자기(磁器) 같은 매우 귀한 물건은 진상하는 것도 장만하기 어려운데, 사사로이 가져가는 것이 한도가 없고 친분이 두터운 사람이 청하면 문득 주어 마지않으니 그 폐해가 매우 많습니다."
>
> 《조선왕조실록》 중종 19년(1524) 6월 27일

경명군 이침(景明君 李忱, 1489~1526년)은 성종의 11남으로 후궁의 아들이었다. 마침 중종(재위 1506~1544년)은 한 살 아래의 이복동생이었던 경명군을 특별히 여겨 사용원제조(司饔院都提調)라는 관직을 맡겼는데, 여기서 문제가 발생한다. 경명군

이 사사로이 백자를 가져가며 친한 사람에게 선물로 주는 행동이 바로 그것.

사옹원은 왕의 음식과 그릇을 관리하는 관청이다. 인원 구성에 있어 실무직으로 정(正) 1인, 첨정(僉正) 1인, 판관(判官) 1인, 주부(主簿) 1인, 직장(直長) 2인, 봉사(奉常) 3인, 참봉(參奉) 2인으로 구성되어 있었으며, 자문직으로 사옹원도제조(司饔院都提調) 1인, 사옹원제조(司饔院提調) 4인 등이 존재했지. 맞다. 앞서 소개한 《용재총화》를 쓴 성현이 한때 맡았던 일이 정3품 사옹원정(司饔院正)이었다.

그런데 자문직의 경우 발언권이 상당했는데, 해당 일을 주로 1~2품에 해당하는 대신이나 왕자가 맡았기 때문. 아무래도 왕의 음식과 관련한 중요한 일인 만큼 가장 믿을 만한 이에게 자문이라는 역할을 맡겼던 모양. 그런 만큼 자문 역할을 맡은 이들은 당연하게도 당대 고위층과 친밀한 교류가 있었다.

그런데 경명군처럼 왕자 신분으로 사옹원 자문 역할을 맡고선 백자를 개인적으로 착복하거나 주위 사람들에게 선물로 주는 일이 종종 벌어졌다. 당시에는 왕자가 벌인 비리의 경우 웬만하면 눈감아주는 왕실 문화가 있었거든. 왕이 집안사람이라는 이유로 가능한 비호해주었으니까. 덕분에 고위층의 경우 사옹원에서 일하는 왕자와 교류를 통해 조선 관요에서 제작된 최고급 백자를 어떻게든 야금야금 구하여 사용한 것이다.

이뿐만 아니었다. 2000년대 들어와 서울도심재개발사업을 추진하면서 종로에 있던 기존 건물을 부수고 땅을 고르니, 조선 시대 유물이 대거 출토되어 눈길을 끌었다. 이 중 특수 계층 거주지 및 관청이 있던 청진동(淸進洞), 피맛골에 위치했던 한양 최대 상업 공간인 시전(市廛) 및 기존 유적지인 군기시터(軍器寺址), 종묘(宗廟), 원각사터(圓覺寺址) 등에서 대부분 깨진 형태이나 약 100여 점의 조선 전기에 제작된 백자가 발견되었거든.

특히 시전(市廛)에서 조선 전기 백자가 출토된 것은 나름 큰 의미가 있는데, 궁궐 밖 시장에서 관요가 거래되었음을 증명하기 때문이다. 이를 통해 공식적으로 왕에 의해 하사받은 것 외에도 관료의 비리, 도난 등으로 유출된 백자들이 가까운 한양 시장에 모여들어 고가에 거래되었음을 알 수 있다.

사기(沙器)를 구워내는 백점토(白粘土)를 전에는 사현(沙峴)이나 충청도에서 가져다 쓰기도 했는데, 지금은 또 양근(楊根; 경기도 양평)에서 파다 쓰고 있다. 그런데 사옹원에서는 해마다 수군을 달라

종로 피맛골에서 출토된 조선 전기 백자 항아리, 서울역사박물관.

고 청하는가 하면, 병조에서는 그때마다 군인이 없
다고 아뢴다. 예전에는 사기장이 실제로 많았었으
나 지금은 반이나 도망하였다.

《조선왕조실록》 중종 25년(1530) 2월 5일

하지만 백자 생산 기반은 어느 순간부터 한계에
봉착하고 있었다. 왕실에서 요구하는 늘어나는 생
산량을 맞추는 과정에서 관요가 설치된 경기도 광
주의 백토만으로는 부족하여 한반도 곳곳의 백토를
캐서 수군을 이용해 옮겼으며, 관요란 데가 하는 일
에 비해 얻는 것은 부족한 구조로 운영되었기에 도
공이 도망가는 일도 잦았다. 이는 노동력을 제공하
여 아무리 고급 백자를 제작하여도 도공은 얻는 것
이 거의 없는 상황이 만들어낸 결과였다.

그러자 정부에서는 부족한 도공을 보충하기 위
하여 새로운 방안을 들고 왔으니.

사옹원 사기장의 자손은 다른 직역(職役)에 배
정하지 않고 그 직업을 세습하게 한다.

대전후속록(大典後續錄)

1543년 편찬한 법전인 《대전후속록(大典後續
錄)》에 따라 도공들의 경우 아예 그 직업을 자손 대

대로 세습하도록 만든 것이다. 부족한 도공 숫자를 세습으로 묶어두어 유지시키려는 고육지책이었지. 문제는 도공들의 신분이나 처우가 개선된 상황에서 세습이 이루어진 것이 아니라 오히려 신분 자체부터 평민보다 못한 대우를 받고 있었다는 점. 기술자를 이렇게 천시해서야 원…. 도자기 산업 발전이란 말처럼 쉬운 일이 아니었을 텐데.

사옹원의 사기(沙器)에 이르러서는 대전(大殿)은 백자기를 쓰고 동궁(東宮)은 청자기를 쓰며 내자시 · 내섬시 · 예빈시에서 쓰는 것은 모두 예전 규례대로 청홍아리(靑紅阿里)를 씁니다. 1년의 국용(國用)을 다 따져서 사옹원으로 하여금 일시에 구워 만들어 각처에 나누어 보내는 것으로 해마다 규례를 삼으며, 사대부가 쓰는 것은 일반 백기(白器)를 사용하도록 허락합니다.

《조선왕조실록》 광해군일기 8년(1616) 4월 23일

게다가 조선 내 백자에 대한 수요는 갈수록 늘어남에도 규범에 따라 여전히 왕실과 궁 이외에는 사용하지 못하게 하던 모순은 해결할 방안이 없었다. 덕분에 사회적으로 백자를 구하기 위한 불법과 탈법이 갈수록 빈번해졌으니, 지엄한 왕명과 국법마

저 제대로 지켜지지 않는 한심한 상황이 된 것이다.

결국 광해군에 이르러서야 드디어 사대부의 백자 사용을 허락하면서 사회적으로 타협을 본다. 참고로 위의 기록 중 대전(大殿) = 왕, 동궁(東宮) = 세자, 내자시 · 내섬시 · 예빈시 = 사신 또는 중요한 손님을 대접하는 관청이다. 즉 왕은 백자, 세자는 청자, 외교나 중요한 손님을 대접하는 관청에서는 청홍아리(靑紅阿里; 청화나 철화, 동화로 그려진 채색 자기)를 사용한 것이니, 이는 조선 전기 때 기본적으로 자기를 사용하던 규범이었다. 여기에 추가적으로 여러 수단을 통해 사실상 백자를 사용하던 사대부에게도 공식적으로 백자 사용이 허락된 것. 그래서일까? 세자가 청자를 사용하는 문화도 얼마 뒤 유명무실되며 사라졌다. 아무래도 사대부보다 위에 위치한 세자가 격이 떨어지는 청자를 쓸 수는 없었을 테니까.

반면 16세기 명나라에서는 조선과 마찬가지로 관요의 생산력만으로는 황실이 원하는 수요를 맞출 수 없게 되자 과감히 자기 제작 임무를 민요에게 일부 부담시키면서 소위 '관탑민소(官搭民燒)' 제도가 자리 잡는다. 이는 정부가 민요에 하청을 주어 관요를 제작하는 방식이었지. 당연히 명나라 민요는 이런 좋은 기회를 통해 관요로부터 고급 백자 제작 기술을 배우며 수준을 크게 향상시킬 수 있었다.

덕분에 명대 후기 들어와 기술적으로 정체된 관요에 비해 민요는 놀라운 발전을 맞이하게 된다. 질적으로 관요와 민요가 서로 경쟁하는 구도까지 등장하면서 황실을 비롯한 번왕 및 여러 고위층뿐만 아니라 민간에서도 백자와 청화백자를 마음껏 사용하는 시대가 열렸거든. 더욱이 상업적 요구에 충실한 민요의 발전은 백자 대중화 및 유럽 등으로 도자기 수출까지 열어주었지. 이렇듯 관요와 민요가 적극 교류하면서 중국에서는 전반적으로 도자기 문화가 함께 상승하는 긍정적인 효과가 생겼으니, 동시대 조선과 다른 모습이 아닐까 싶군.

자~ 그럼 여기까지 내용을 다시금 정리해볼까?

조선은 15세기 중반부터 분청사기를 제작하던 여러 지방요에서 활동하던 뛰어난 도공을 경기도 광주로 모아 고급 백자를 생산하고자 하였다. 덕분에 지방요의 기반이 튼튼한 시절 동안은 조선 관요에서도 명나라 수준에 비견되는 백자를 제작하기도 하였지만, 왕에게 공납하는 역할이 중심이 된 시스템상 그 한계가 명확했다. 그 결과 16세기 중반을 넘어가면서 또다시 명나라 백자와 확연한 수준 차이가 났다. 이는 명나라와 달리 조선은 관요와 민요 간 적극적 기술 교류가 이루어지지 않은 결과가 아닐까 싶군. 아무래도 상업적 요구에 충실한 민요 기반이 튼튼하지 않다면, 관요 역시 갈수록 민요로부터 파견되던 우수한 도공을 지원받기 힘들 테니까. 실제로도 16세기 들어오며 갈수록 번성하던 명나라 민요와 달리 조선 민요는 그 숫자마저 크게 줄어들며 빠르게 무너지고 있었거든.

이와 유사한 예로는 일본은 고등학교 야구팀이 4000여 개인 반면 대한민국은 74개 팀이 운영되고 있는지라 프로야구 수준에서 갈수록 한일 간 차이가 벌어지고 있는 모습과 유사하다고나 할까? 결국 엘리트 문화와 대중 기반이 함께 어울려질 때 그 시장도 튼튼하고 오래 유지됨을 알 수 있다. 그렇게 다시금 중국과 벌어진 격차는 이후 조선이 역사에서 사라지는 20세기 초반까지 극복되지 못하고 말았다. 안타깝게도 근대 이전 한반도 도자사를 살펴볼 때 고려청자 이후 15세기 후반~16세기 초반의 조선백자 때가 그나마 질적으로 중국 수준에 근접했던 마지막 시점이었던 것.

명나라 청화백자의 유입과 인기

어느 정도 세계적인 흐름을 이해했으니, 당시 분위기를 눈 감고 한 번 상상해보련다. 물론 권력과 재산이 어느 정도 있는 인물이 되었다는 가정 아래 말이지.

조선 관요에서 제작한 백자만으로는 시장에서 원하는 수요를 채우기 힘든 상황이 이어졌고, 더 나아가 이를 구하는 과정 역시 대충 넘어가주는 분위기일 뿐 실제로는 왕명을 어기는 일이라 매번 눈치가 보였다. 그렇다면 아예 명나라 백자를 구해서 사용한다면 어떨까? 무엇보다 소량 생산으로 인해 구하는 것부터 쉽지 않은 조선 청화백자와 달리 명나라는 청화백자마저 민요에서 대량 생산하였기에 지불 능력만 된다면 어쨌든 구할 수는 있었거든. 그렇다. 이런 나의 상상은 현실에서도 실제로 벌어진 일이었다.

2004년 파주 문산에 LCD 단지 조성 중 무덤군이 발견되어 주목받은 적이 있었다. 흥미롭게도 이곳에는 구석기, 신석기, 삼국 시대뿐만 아니라 고려, 조선 유적지까지 함께하고 있었는데, 이 중 조선 시대인 16세기 초반 무덤 유물을 발굴하다 뜻밖에도 명나라 민요에서 제작한 상당한 수준의 청화백자가 등장했지. 마침 해당 무덤에는 조선에서 제작한 백자 및 여러 청동기도 함께 있었던 만큼 주인공은 상당한 재력을 지녔던 인물로 보인다.

아참. 참고로 이 시점 조선 지방의 여러 민요에서도 주로 생활 용기로서 백자를 생산했지만, 질에 있어 결코 관요와 비교할 수준은 아니었다. 반면 명나라 민요는 조선 관요 못지않은 수준을 보여주고 있었지.

이와 유사하게 조선 전기 무덤에서 출토되는 명나라 청화백자는 한양에만 편중된 것이 아니라 여러 지역에 널리 퍼져 있는 편이다. 예를 들면 화성시, 청주시, 수원시, 구미시, 부천시 등에서 16세기 명나라 청화백자가 무덤의 부장품으로 등장했으니까. 이는 곧 왕실이라는 한정된 고객을 위해 제작된

파주 문산 당동리 유적-8지점 2호 토광묘 출토 명나라 청화백자 회화 장식. 나름 도교 분위기가 물씬 풍기는 명나라 청화백자이다.

위 | 백자청화 발. 화성 와우리 15호 토광묘 출토 청화백자, 명나라, 국립
중앙박물관. 아래 | 백자청화 발. 수원 이의동 3호 토광묘, 명나라, 국립
중앙박물관.

경기도 광주에서 발견된 명나라 청화백자 파편, 국립중앙박물관.

조선 관요 백자와 달리 명나라 청화백자는 그만큼 다양한 수요층에게 만족을 주었음을 의미한다. 이는 명나라 도자 산업의 생산량이 뒷받침되었기에 가능한 일이기도 했다. 대량으로 해외 수출이 가능할 정도의 어마어마한 생산력이었으니까.

뿐만 아니라 왕실이 후원하는 사찰이나 주요 관청, 큰 시장 등이 있던 장소에서도 명나라 청화백자가 출토되었다. 특히 근래 들어와 큰 규모의 재개발을 이어가던 서울 종로, 동대문야구장 등에서 의외로 명나라 청화백자가 등장하여 큰 놀라움을 주었지. 이는 조선 시대 토층에서 발견한 출토품들로 깨

진 파편 등 상당한 숫자의 명나라 청화백자가 발견
되었으니까. 무엇보다 실용기가 많았기에 실생활에
서 명나라 청화백자가 인기리에 사용되었음을 증명
한다. 이들 역시 명나라 민요에서 제작한 것으로,
나름 15세기 후반에서 16세기 물건이라 하겠다.

조선 관요가 위치한 경기도 광주에서도 명나라
청화백자가 일부 발견되었는데, 이런 기물은 조선
관요에서 백자를 만들 때 샘플로 삼으라고 일부러
보낸 것이라 할 수 있겠군. 즉 명나라 민요 청화백
자 디자인을 연구하여 조선 관요 청화백자 디자인
을 구성하기도 했던 것.

실제로 명나라 민요 청화백자 디자인은 16세기
들어와 조선 관요에도 응용된다. 이번 리움 전시에
출품되어 블랙박스 전시관에서 볼 수 있는 백자청
화 보상당초문항아리는 풀을 둥글게 묘사한 당초문
(唐草紋)이 단순한 묘사로 장식되어 있네. 이렇듯
간략하게 표현된 당초문은 동시대 명나라 민요 청
화백자에서 자주 볼 수 있던 장식이라 하겠다. 마침
동시대 명나라 관요 백자는 이보다 더 복잡하고 화
려한 장식이 그려졌으나, 이를 명나라 민요에서 대
량 생산이라는 경제적 이유로 간략히 모방한 것을
조선에서 받아들이면서 제작된 것.

한편 《조선왕조실록》에 따르면 명나라 황제나

사신이 명나라 관요급 백자를 조선 왕실에 대량으로 선물하는 일이 세종과 문종 시대 이후로 거의 사라진다. 그러자 무역을 통해 민간 시장으로 유입된 명나라 민요 청화백자들이 조선에서 큰 인기를 누리기 시작하면서 또 하나의 사회적 문제로 인식된다. 중국 청화백자가 큰 인기를 누린다는 것은 반대로 엄청난 양의 조선 재화가 명나라로 이동하고 있음을 뜻하니까. 뿐만 아니라 이 시점 백자는 왕의 기물로서 인식되고 있었는데, 그 기준마저 무너지는 중이었다.

그러자 성종(재위 1469~1494년) 시기 다음과 같은 토론이 이어졌다.

대사헌(大司憲) 김영유가 아뢰기를

"중국산 청화자기는 이미 사용을 금지하였는데, 다만 대신과 외척들이 이를 사용하기를 좋아하니, 관청의 금란리(禁亂吏; 밀무역을 감시하는 관원)가 어찌 적발할 수 있겠습니까? 청컨대 엄하게 경고하여 금지하소서." 하였는데,

임금이 좌우에게 이르기를, "어떠한가?" 하니,

영사(領事) 한명회가 대답하기를, "대사헌의 말이 옳습니다. 거듭 교지를 내리시어 금지하면, 누가 감히 이를 쓰겠습니까?" 하고, 영사(領事) 심회가

16세기 백자청화 보상당초문항아리(白磁青畵寶相唐草文壺), 개인 소장.
명나라 민요에서 대량 생산하는 과정에서 간략히 표현된 당초문 디자인
을 조선에서 받아들여 제작된 케이스. ⓒPark Jongmoo

16세기 명나라 가정제 관요, 청화 연꽃무늬당초문항아리(明嘉靖靑花纏枝蓮紋大罐), 화교박물관(華僑博物院). 명나라 관요 백자는 이렇듯 더 복잡하고 화려한 장식이 그려졌다.

아뢰기를, "신의 생각에는 사신이 돌아올 때 어사(御史; 감찰관)를 보내어서 규찰하게 하면, 이 폐단은 자연히 없어질 것입니다." 하였다.

임금이 말하기를, "전일에도 또한 어사를 파견하기를 청한 자가 있었다. 만약에 어사를 파견하면 사람들이 감히 범하지 못할 것이다. 그러나 그것을 이미 위임하였는데, 또 어사를 파견하는 것은 옳지 못하다. 하지만 내 마땅히 임시로 구별하여 처리하겠다." 하였다.

《조선왕조실록》 성종 8년(1477) 윤 2월 13일

어느 날 여러 신하들과 성종은 의견을 교류하고 있는데, 그 내용이 참으로 흥미롭다. 대신(大臣)은 정2품 이상의 고위 관료다. 지금으로 치면 장관급 인사지. 외척은 왕의 친척이다. 지금으로 치면 대통령 친인척이다. 이런 고위층들이 중국 청화백자를 구입하여 사용하니 일개 관리 따위가 어찌 감히 적발할 수 있겠는가? 이에 사신이 돌아올 때 왕의 명을 받고 움직이는 감찰관을 보내어 조사하자는 의견이 나오지만 성종은 일단 상황을 더 지켜보자고 한다.

그런데 왜 사신이 돌아올 때 왕의 명령을 대변하는 감찰관을 보내자고 한 것일까?

이 시기 조선과 명나라 무역의 기본 바탕은 공무역이었다. 이는 명나라로 보낸 조선 사신단에 상인이 참가하여 북경 등에서 무역하는 방식이었지. 이때 사신단의 규모는 30여 명에서 많게는 500여 명에 이르렀으며, 임진왜란 전까지 총 1053회의 사신이 명나라에 파견되었다. 이를 나누면 평균 1년에 5.3회에 이를 정도였으니, 이러한 사신단을 통해 명나라의 값비싼 공예품과 비단, 약재, 서적들이 조선으로 들어왔다. 그런 만큼 사신이 돌아올 때 감찰관을 보내 철저히 조사하면 명나라 물건을 대거 적발할 수 있었던 것. 하지만 고위층이 적극 개입된 사건인지라 글쎄.

조선의 사신들은 명으로 들어가는 김에 상인들을 자신의 종으로 속이고 데려가 몰래 이윤을 챙기려 했으며, 연산군에 이르러서는 아예 왕실에서도 대놓고 중국산 사치품을 적극적으로 수입하였다. 그런 만큼 조선은 경제적인 이익을 위해 다수의 사신을 가능한 자주 중국에 파견하고자 했으며, 명나라에서는 조선의 사신들이 지나치게 자주 방문하여 무역하는 것을 곱지 않은 시선으로 바라보았다. 그러나 왕실에서는 공무역의 양을 적당히 줄이라고 매번 말만 할 뿐 실제로는 줄일 생각을 하지 않았으니, 거듭된 중국과의 마찰에도 불구하고 사치품에

대한 무역을 지속하였다. 오죽하면 다음과 같은 일
이 있을 정도.

　　매번 내탕의 재물을 북경에 가는 역관에게 사사
　로이 주어서 많은 채단(綵緞; 비단)과 보물 및 골동
　을 무역해 오도록 하였기에, 중국 조정 사람들이
　"국왕이 사사로이 무역하는 물건 목록도 의당 공식
　적인 외교 문서에 아울러 기록해야 한다."고까지
　하였으니, 이는 다 이 무리들이 그 사사로운 이익을
　위하여 임금을 속이고 말썽을 만들어 임금으로 하
　여금 과오를 범하고 수모를 당하도록 하였기 때문
　이다."

《조선왕조실록》 명종 22년(1567) 3월 6일

　이는 명종이 조선 국왕의 개인 재산인 내탕금까
지 적극 투입하여 명나라의 여러 기물을 사오도록
하자, 이를 보고 명나라 관리들이 비웃었다는 장면
에 대한 기록이다. 그나마 명나라에서 외교 관례상
조선 국왕을 자국 번왕과 동일한 대우를 해주었기
에 그동안 왕이 개인적으로 하는 무역은 크게 터치
하지 않았지만, 해도 해도 너무하자 나온 반응이었
지. 그러자 사관은 위와 같은 의견을 남겼는데, 왕
주변의 신하들이 왕을 잘 모시지 못해 이런 일이 생

겼다고 개탄하고 있구나.

　여기까지 보았듯 국왕부터 모범은커녕 사무역을 통해 중국 물품을 적극 구입해오던 만큼, 사대부뿐만 아니라 민간마저도 왕의 명이 제대로 통할 수 없었던 것이다. 그 여파로 한양에서는 청화백자의 경우 명나라 것을 적극 사용하는 분위기마저 만들어졌다. 이런 분위기에서 조선백자가 다시 한 번 크게 각성하여 시장 경쟁에서 이기기 위해 질적으로 명나라 수준까지 한 단계 더 발전하였다면 아름다운 스토리가 계속 이어졌겠지만 안타깝게도 그럴 시간과 여유가 부족했으니. 어느 날 거대한 사건에 휘말리며 조선 전기의 화려한 시절이 마감되었거든.

3
임진왜란과 병자호란 이후

거대한 전란 속에서

16세기 말부터 17세기 중반까지 조선은 임진왜
란(1592~1598년), 사르후 전투(1619년), 이괄의 난
(1624년), 정묘호란(1627년), 병자호란(1637년)이
이어졌다. 말 그대로 전란의 시대였지.

한반도에 지옥도가 펼쳐진 순서는 다음과 같다.

도요토미 히데요시가 일본을 통일한 직후 한반도
를 공격하면서 말 그대로 전국이 초토화되었다. 그
러자 조선을 지원하기 위해 명나라는 여진족을 방비
하던 요동 지역 군대를 대거 한반도로 파견하기에
이른다. 조·명 연합의 힘으로 어렵사리 임진왜란은
승리하였으나, 이번에는 조선과 명이 정신없어 생긴
공백을 틈타 여진족이 통합되며 북방에 거대한 세력

을 구축하였지. 이에 명나라는 조선과 합동으로 병력을 파견하여 갈수록 커져가던 여진족을 공격했지만 오히려 사르후에서 큰 패배를 당하고 만다.

얼마 뒤 조선에서는 인조가 강력한 배청·친명 외교를 주장하며 광해군을 내쫓고 왕이 되는 사건이 발생하였는데, 정변 세력들이 공을 두고 다투다 황당하게도 북방 국경선을 지키던 이괄이 자신이 지휘하던 병력을 이끌고 한양을 공격하는 일이 벌어졌다. 이괄의 난은 여차저차 제압했지만 조선 국경선을 지키던 부대가 사라진 만큼 당연히 여진족은 좋은 기회라 여겨 한반도를 공격해 들어왔다. 이것이 정묘호란이다.

이후 청나라를 세운 여진족은 명나라를 공격하기 전 배후 안전을 위해 이번에는 청 황제가 직접 참여한 병자호란을 일으켰다. 이때도 역시나 준비가 미흡했던 조선은 전쟁에서 크게 패하면서 삼전도의 굴욕을 경험하였지. 이는 조선 국왕이 청나라 황제의 신하가 되겠다는 의식이자 명나라와 조선의 오랜 교류가 사실상 마감됨을 상징하는 사건이기도 했다.

이렇듯 계속된 전란을 거치며 조선이 지닌 사회적 기반과 역량은 크게 무너졌다. 이는 당시 제작된 도자기를 통해서도 살펴볼 수 있으니, 다름 아닌 철화백자가 바로 그것.

철화백자 시대

　마침 블랙박스 저쪽에 전시된 백자철화 포도문 항아리는 국보임에도 백자라 불리기에는 조금 누런 표면에다 검은색으로 그림이 그려져 있네. 이는 흙과 유약을 정제하는 과정에서 철분을 충분히 제거하지 못했기에 누런 표면이 나왔으며 마찬가지로 철을 회화 재료로 이용하였기에 검은색 회화가 등장한 것이다. 아무래도 철은 안료의 성질로 볼 때 청화에 비해 안정성이 떨어지는 관계로 1300도 고온에 구울 경우 검게 타는 경우가 비일비재했거든.

　다만 포도 덩굴의 잎과 줄기 표현에서 남다른 격이 느껴지는 만큼 이 역시 화원이 파견되어 그린 작품은 분명해 보이는걸. 즉 재료 및 도자기 질에서

18세기 초반 백자철화 포도문항아리, 국보, 국립중앙박물관. ©Park Jongmoo

15~16세기보다 못할 뿐 나름 회화의 격은 여전히 유지되었음을 알 수 있다.

이러한 철화백자 중 가장 유명한 작품은 아무래도 이화여대박물관이 소장 중인 백자철화 포도문항아리가 아닐까 싶네. 이번 전시에는 출품되지 않아 아쉽지만 역시나 국보인 데다 남달리 크고 웅장한 느낌으로 매력을 주니 이대를 방문하면 꼭 만나보면 좋겠다. 무엇보다 철화로는 표현하기 힘든 농담까지 느껴질 정도의 남다른 회화 장식이 일품이거든. 이 역시 그 품격으로 볼 때 화원의 작품이 아닐까?

그렇다면 왜 이처럼 철화백자가 한동안 등장했는지 궁금증이 생기는걸.

사옹원에서 제조의 뜻으로 아뢰기를, "중국 사신 연향에 사용하는 화룡준은 예전에는 가화의 용준(임시로 종이에 용을 그려 붙인 항아리)을 사용하였습니다. 그것을 지고 왕래할 때 그림이 벗겨지는 폐해가 많았습니다. 그러므로 사옹원에서 돈을 준비하여 북경에 가는 역관에게 주어 그들로 하여금 회청을 사오도록 한 것이 여러 번이었습니다. 그런데 역관들이 핑계를 대고 사오지 않습니다. 이런 까닭에 부득이 석간주(철화)로 그림을 그려 용

18세기 초반 백자철화 포도문항아리, 국보, 이화여대박물관 ©Park Jongmoo

준(龍樽)을 번조하였습니다."라고 하니, 임금이 알 았다고 하였다.

《승정원일기(承政院日記)》, 인조 12년(1634) 5월 18일

위의 기록을 통해 그 이유를 대략 파악할 수 있 다. 병자호란(1636년)이 벌어지기 직전인 1634년 기 록에 따르면 조선 정부에서 명나라로 사신을 보내 며 함께한 역관에게 청화를 구입해 오라 수차례 독 촉했으나 이를 구하지 못하는 상황이 잘 묘사되어 있군.

당시 명나라는 북방 국경선에서 갈수록 강력해 지는 여진족과 치열한 전투가 이어졌으며 내부에는 민란까지 심각해져 물자가 부족하고 물가는 크게 폭등하였다. 이에 역관들이 아무리 노력해도 북경 에서 청화를 구할 수 없었던 모양. 할 수없이 조선 정부는 고육지책으로 한반도에서 쉽게 구할 수 있 는 철화로 도자기 그림을 그리도록 한 것이다.

1636년 여진족은 청나라를 세웠고, 명나라는 얼 마 뒤인 1644년 멸망한다. 하지만 여전히 중국 남부 지역에서는 한족들이 반발을 일으키며 한동안 전쟁 이 이어졌기에, 청나라에서는 1684년까지 강력한 해금 정책을 펼쳤다. 해외 무역을 제한하는 정책이 바로 그것. 이에 따라 당시 조선에는 중국산 도자기

마저 한반도로 거의 유입되지 않아, 근래 여러 중국 도자기가 대거 출토되어 주목받은 서울 종로 재개발 터조차 17세기 중국 도자기는 거의 발견되지 않았다고 한다.

상황이 이렇다 보니 조선에서는 17세기부터 18세기 초반까지 철화로 그려진 백자가 만들어질 수밖에 없었다.

> 하교하기를, "자기(磁器)의 그림에는 예전에 석간주(石間朱; 철화)를 썼는데, 이제 들으니 회청(回青)으로 그린다고 한다. 이것도 사치한 풍습이니, 이 뒤로 용준(龍樽)을 그리는 외에는 일체 엄금하도록 하라." 하였다.
>
> 《조선왕조실록》, 영조 30년(1754) 7월 17일

하지만 숙종 시대를 지나며 다시금 안정된 사회를 구축한 조선은 영조, 정조 시대에 이르러 다시금 화려한 청화백자를 제작하기에 이른다. 어느덧 안정된 사회 기반만큼이나 백자 역시 잘 정제되어 하얀 표면을 잘 보여주었고, 청화는 중국에서 자국산 원료로 대량 생산하는 것을 수입하면서 재료 가격을 크게 낮출 수 있었거든.

그러자 영조는 사치 풍조를 막는다 하여 회청, 즉

청화로 그림을 그린 백자는 오직 용준(龍樽) 외에는 금지하도록 명했다. 용이 그려진 항아리를 당시에는 용준(龍樽)이라 불렀거든. 한편 준(樽)이라 불리는 백자는 몸체가 S자를 그리며 일정한 비례로 줄어드는 형태를 보이는데, 조선 시대에는 오히려 달항아리보다 훨씬 높은 격과 대우를 받는 기형이었다. 유교에서 가장 중요하게 여기는 제사와 의례에 사용하던 그릇이었기 때문. 여기에다 최고 권력을 상징하는 용을 그렸으니, 당시 그릇의 위계로 볼 때 가장 높은 위치라 하겠다.

결국 영조의 명은 국가 행사에 사용하는 최고급 격식을 지닌 백자 외에는 청화로 장식한 백자를 제작하지 말도록 한 것과 동일한 의미를 지니고 있었다. 하지만 아무리 왕명이라도 사회적 분위기를 제어하기는 힘들었다. 이미 시장에서는 청화로 장식된 백자에 대한 선호가 너무나 커져버렸으니까. 그 결과 18세기 중반부터 19세기를 거치며 청화로 장식된 백자는 왕실뿐만 아니라 사대부, 중인층 등도 사용할 수 있는 일반적인 기물로 점차 널리 퍼져나갔다.

가만. 이번 전시에 철화로 용이 그려진 항아리가 출품되었다는 뉴스를 보았는데, 생각난 김에 그것을 찾아볼까?

백자청화 운룡문항아리, 리움. 조선 시대에는 용준(龍樽)이라 불렸다.
©Park Jongmoo

철화용준

전시장 내에 설치된 엘리베이터를 타고 아래층
으로 내려간다. 리움 특별전 전시실 중 위층을 블랙
박스라 부른다면 아래층은 그라운드 갤러리라 부르
더군. 이 중 그라운드 갤러리는 매특별전마다 새로
운 가벽을 세워 공간을 꾸미고 있으니, 이번에는 가
벽을 크게 1. 청화백자 2. 철화와 동화 백자 3. 순백
자로 나누어 전시를 꾸몄다.

그렇게 전시 분위기를 파악하기 위해 한 바퀴를
돌아보다가 드디어 찾았다. 오호. 여기 있었구나.

1996년 10월 31일, 뉴욕 크리스티 경매장에는 예
상가 40~60만 달러로 추정된 백자철화운룡문항아
리, 즉 철화용준이 출품되었다. 예상가를 볼 때 처

백자철화 운룡문항아리, 개인 소장. 1996년 아시아 고미술 최고가를 찍고
사라졌던 유물을 이번 전시에서 만나니 감회가 새롭다. ©Park Jongmoo

음에는 크게 기대하지 않은 작품이었으나, 곧 놀라운 일이 벌어지고 말았다. 이때만 하더라도 아시아 고미술 최고가는 610만 달러였는데, 가격이 계속 오르더니 이를 가볍게 넘는 무려 765만 달러에 낙찰되었거든. 그 시절 아시아 고미술 최고가이자 당시 한국 돈으로 63억 4000만 원에 이르는 결과였다. 물론 시간이 훌쩍 지나간 만큼 현재는 아시아 고미술 1위가 아닌 한때 1위였었던 도자기이지만. 뭐 어쨌든 그 뒤로 낙찰자가 누구였는지 소장처가 어디인지 철저하게 비밀로 묻혔을 뿐만 아니라 이번 전시 전까지 도자기마저 공개된 적이 단 한 번도 없었다.

그런데 웬일? 이번 전시에 등장했구나. 나도 사진으로만 보다 실물은 처음이다. 오랜 기다림 끝에 만나서 그런지 더욱 기쁜 마음으로 감상할 수 있군. 특히 용의 얼굴과 비늘 등에서 철화로 된 검은 빛을 보아하니, 청화의 화려함과는 구별되는 강인한 느낌마저 드는걸. 물론 당시 조선은 강인함과는 좀 거리가 있는 시대였지만. 이 도자기가 제작되던 시점은 17세기, 즉 임진왜란과 병자호란으로 조선의 국력이 크게 무너지던 시기였으니 말이지.

사실 조선에게 두 전쟁이 준 영향력은 매우 지대했다. 한때 자신들보다 문화, 경제 등에서 저 아래로 여기던 일본, 여진에게 제대로 당한 사건이었기 때문. 그런데 일본은 이 뒤부터 경제, 문화적으로 크게 성장하여 한반도보다 더 큰 규모의 경제와 인구를 지닌 나라로 완전히 변모하였고, 여진은 청나라를 세운 후 아예 중국까지 정복하였다. 이로써 오랜 기간 아래로 여긴 존재들이 나보다 훨씬 잘 나가는 상황이 만들어진 것.

이에 따라 조선 후기부터 유독 소중화(小中華) 의식이 강하게 발현된다. 명나라 다음가는 문명국인 조선이 오랑캐가 황제가 된 시대를 대신하여 중화의 적통을 이어간다는 정신이 바로 그것. 지금 보면 국력이 크게 꺾인 시대의 정신 승리에 가까운 모습으로 느껴질지 모르나 당시 조선인들에게 소중화 의식은 매우 진지했다. 아무래도 이런 자존감마저 무너진다면 견디기 힘든 시기였나보다.

이에 따라 도자기 역시 중국 영향에 따른 디자인이 많이 보이던 조선 전기와 달리 한동안 조선만의 개성적인 모습을 보여주었다. 17세기 철화백자, 17세기 말~18세기 초반 달항아리가 등장한 배경도 바로 이런 분위기가 한몫했지. 명나라와 달리 의도적으로 청나라를 오랑캐의 나라로 인식하면서 이들 문화 역시 배격하고자 노력한 분위기가 만든 결과물이었다. 그런데 오히려 현대 들어와 조선만의 개성적인 느낌이 강한 철화백자나 달항아리가 세계적으로도 높은 평가를 받는 분위기가 만들어지고 있으니, 참으로 감개무량한 현상이로구나. 이렇듯 현대 들어와 오히려 17세기 조선인들의 노력이 크게 인정받고 있다.

옛날에는 사기에 철화로 그림을 그렸는데, 비록 색이 일정치 않고 형태가 불분명하지만 검소한 기풍을 느낄 수 있다.

《승정원일기(承政院日記)》, 영조 30년(1754) 7월 17일

물론 철화는 검소함을 보여줄지언정 청화에 비해 재료의 격에 있어 높은 가치를 인정받지 못한 만큼 청화가 청나라로부터 적극 수입되면서부터는 다시금 용준 역시 당당하게 청화로 그려지기에 이른다. 결국 개성을 중시하는 지금의 눈으로 바라보니, 독특한 모습으로 다가온다는 의미이며, 사실 조선인의 눈으로 볼 때는 한동안 청화를 구할 수 없어 어쩔 수 없이 제작된 기물이었던 것. 이처럼 과거와 현재처럼 시대마다 바라보는 미감의 차이점을 이해한다면 더욱 재미있는 도자기 감상이 가능할 듯싶군.

4
18~19세기 도자기

채색 도자기 시대

전시를 쭉 돌아보니, 갑자기 이런 생각이 떠오른다. 이번 백자 전시에서 가장 다양한 색감의 표현을 보인 조선 도자기가 있다면 과연 무엇일까? 음. 그래. 바로 그거다.

국보로 지정된 백자청화 철채동채초충난국문병은 조선이 만든 도자기 중 가장 다양한 색감으로 유명하다. 18세기 후반~19세기를 거치면서 갈수록 새로운 디자인을 요구하는 분위기가 높아지자 이를 적극 수용하면서 등장한 것으로, 이참에 그 표현법을 하나씩 살펴볼까?

1. 우선 국화꽃은 철화와 동화로 장식했고, 2. 국

백자청화 철채동채초충난국문병, 간송미술관. ©Park Jongmoo

화 줄기와 잎은 철화를 입혔네. 3. 또한 난은 청화로 색을 칠했고, 꽃을 찾아온 곤충 역시 철화로 색을 칠했다. 이렇듯 안료로 청화, 철화, 동화가 동원되었기에 세 개의 색이 함께하는 화려한 백자가 완성되었던 것. 하지만 복잡한 표현만큼이나 제작 난이도는 높을 수밖에 없었으니, 높은 온도에서도 비교적 안정된 색감을 유지하는 청화와 달리 철화 및 동화는 높은 온도에서 색이 변질되는 경우가 잦았거든. 이러한 기술적 한계를 잡아낸 작품인 만큼 지금까지도 높은 평가를 받고 있다. 물론 회화 장식 역시 기품 있는 문인화 느낌이 가득하지.

이렇듯 18세기 후반부터 단순한 청화 빛깔을 넘어 여러 채색이 들어가면서도 문인화 풍이 담긴 격조 있는 도자기들이 종종 제작되기에 이른다. 이 중 이번 전시에는 출품되지 않았으나 오사카시립동양도자미술관이 소장하고 있는 청화동화 연화문항아리는 남다른 유명세를 가지고 있다. 아무래도 국내에 소장되어 있었다면 당당히 국보에 선정될 만큼 대단한 미감을 지닌 작품이거든.

살펴보면 해당 도자기 역시 청화와 함께 동을 이용한 붉은 색의 연꽃무늬를 선보이면서 남다른 기품을 보이고 있다. 특히 절제된 색감 표현을 통해 붉은 연꽃이 더욱 아름답게 다가오는 남다른 매력

청화동화 연화문항아리, 18세기 후반, 오사카시립동양도자미술관.

백자청화 동채금강산형연적, 19세기, 국립중앙박물관.

을 만들었지. 이런 미감은 화려하지만 반복 패턴으로 장식미가 강하게 느껴지는 중국, 일본 도자기와 구별되는 조선 도자기의 개성이자 특징이었다.

이처럼 다양한 색감의 도자기는 19세기에 제작된 문방사우 도자기에서 상당수 발견할 수 있다. 금강산을 묘사한 필세, 복숭아 모양의 연적, 용이나 호랑이로 장식된 필통 등이 바로 그 예. 이들 역시 청화, 철화, 동화 등이 함께 표현된 경우가 많으며, 이런 화려한 도자기 제작은 당대 문화를 보여주는 중요한 증거이기도 하지. 그만큼 시장에서 원하는 수요가 있었기에 도공들은 다양한 채색이 장식된 백자를 제작한 것.

위 | 백자청화 복숭아모양연적, 19세기, 국립중앙박물관. 아래 | 백자청화 양각철화소나무호랑이무늬필통, 19세기, 국립중앙박물관.

그렇다면 이처럼 채색 도자기가 큰 인기를 얻은 이유는 무엇일까?

사실 당대 아시아 도자기 유행이 그리 움직이고 있었거든. 특히 동시대 중국과 일본 도자기는 아예 새로운 지평을 열고 있었지. 기존의 청화를 넘어선 컬러풀한 색감을 자랑하는 도자기가 인기 있는 물품으로 올라서는 중이었으니까. 게다가 완성도마저 매우 높아서 마치 종이에다 그린 듯 세밀한 농담 표현까지 가능해졌으며, 제작 숫자마저 어마어마한 수량을 자랑하기에 이른다. 그 결과 현재 제작국인 중국과 일본 내 박물관뿐만 아니라 유럽, 미국 등지에 있는 세계적인 박물관에도 이 시절 제작된 중국과 일본의 채색 도자기가 전시장에 가득할 정도. 가만 생각해보니, 해외 박물관의 중국, 일본 전시실 유물 중에서 약 30% 비중이 도자기가 아닐까 싶군.

마침 이번 리움 전시에 중국과 일본 채색 도자기가 일부 출품되었으니, 그라운드 갤러리에 전시 중인 중국, 일본 도자기를 감상해본다. 51cm의 큰 크기를 자랑하는 18세기 초반 청나라 채색 관요 도자기와 42cm의 크기를 보이는 17세기 후반 일본 채색 도자기가 함께 전시되어 있구나. 두 도자기는 놀라울 정도로 화려한 색감으로 가득하니, 이런 채색 도자기는 명나라 때부터 서서히 인기를 누리다 청나

18세기 중국 청나라의 분채모란문큰병, 도쿄국립박물관 ⓒPark Jongmoo

라가 안정적으로 자리 잡은 18세기부터 소위 폭발적인 생산이 이루어졌다. 특히 중국에서는 자국산 채색 안료를 꾸준히 발전시켜 분채(粉彩)라는 도자기를 등장시켰는데, 이로써 다양한 색감이 안정적으로 표현되어 현대 그릇과 비교해도 전혀 밀리지 않는 수준까지 묘사력이 가능해졌지. 그 결과 청화백자는 채색 도자기의 주인공 자리에서 서서히 내려오고 그 자리를 빠르게 분채가 대신하였다.

일본 역시 임진왜란 때 조선 도공을 강제로 이주시켜 부족한 도자기 기술을 발전시키더니, 명·청 교체기로 정신없던 시기에 중국 경덕진의 기술이 유출되자 이를 적극적으로 받아들이며 어마어마한 속도로 백자 기술을 성장시켰다. 게다가 17세기부터 청나라가 강력한 해금 정책을 펼치자 중국 도자기를 적극적으로 수입하던 유럽은 빠르게 대체 상품이 필요했거든. 그 기회를 일본이 적극적으로 대응하면서 그 유명한 일본 도자기 수출 시대를 열게 된다. 그 과정 중 청화백자를 넘어서 지금 보이는 채색 도자기까지 일본에서 생산되어 수출까지 이루어진 것.

반면 동 시점에 조선은 임진왜란과 병자호란으로 인한 불안한 사회를 정비하는 중 지나칠 정도로 보수적인 사상과 검약을 강조하면서, 17~18세기라

17세기 후반 일본 에도 시대의 색회모란동백문팔각항아리, 오사카시립동양도자미술관. ©Park Jongmoo

18세기 중국 청나라의 분채모란문큰병 세부. ©Park Jongmoo

는 중요한 시점에 도자기 기술을 주변국만큼 끌어
올리는 데 실패하고 말았다. 뒤늦게 19세기 들어와
청화와 철화, 동화 등 전통 채색 기법을 이용하여 색
감을 다양하게 표현하려 했지만, 어느덧 채색의 다
양함과 안정적인 표현 면에서 중국과 일본 도자기
와 경쟁하기란 쉽지 않았지.

　　이런 기술적 차이를 한 번 비교해봐야겠다. 중국
과 일본 채색 도자기의 표면을 뜯어보듯 세밀히 살
펴보니, 유면 위로 꽃과 줄기, 잎 등의 여러 색이 마

17세기 후반 일본 에도 시대의 색회모란동백문팔각항아리 세부. ©Park Jongmoo

치 얇은 스티커로 붙여진 듯 올라와 있는 것이 보일 것이다. 이는 유약을 바르고 1300도로 구운 백자 위에다 다양한 채색 안료로 그림을 그린 뒤 이번에는 700도 정도의 저온에서 다시 한 번 굽는 방식으로 만들었기 때문. 그 결과 낮은 온도에서 안료가 안정적으로 유지되면서 다양한 색감을 지닌 도자기의 대량 생산이 가능케 된 것이다. 즉 1. 유약을 바르고 1300도로 백자를 구운 후 → 2. 유약 위에 채색 안료로 그림을 그린 뒤 → 3. 700도로 구워 안료를 흡착

시킨 방식.

　반면 주위 조선 도자기를 살펴보면 여전히 유약 아래에다 청화, 철화, 동화로 그림을 그린 후 1300도에서 굽는 전통 방식으로 만들어서 높은 온도에서도 비교적 안정적으로 색감을 유지하는 청화 이외에는 복불복에 가까운 표현이 나올 수밖에. 앞서 이야기했듯 철화, 동화는 비록 높은 온도에서도 색을 표현할 수 있었지만 안정적인 색감을 유지하기 힘들었거든. 색이 바래거나 사라지는 경우가 무척 잦았기 때문이다. 참고로 지금도 반도체를 제작할 때 투입된 숫자에 비해 완성된 양품의 비율을 따지는 수율이 중요하듯, 과거 도자기 생산도 마찬가지였다. 사실상 이 부분에서 조선 후반 도자기는 기술적 한계로 큰 약점을 보이고 만 것. 즉 일부 여러 채색이 들어간 자기가 생산되기는 했으나 중국이나 일본에 비해 성공률이 현저히 떨어졌음을 의미한다.

　이렇듯 19세기 들어와 조선에서는 중국, 일본 도자기에 영향을 받아 더욱 다양한 문양과 표현법을 선보이고자 노력했지만, 기술력의 한계로 정밀함에서 그 수준까지 이르지 못했다. 조금 아쉬움이 드는 걸.

보수적 사상과 검약 문화

리움 특별전을 즐겁게 감상하고 밖으로 나왔다. 여전히 관람객으로 붐비는 이곳도 이제 안녕~. 슬슬 집으로 가기 위해 지하철역으로 걸어가야겠다.

걸어가며 생각해보니, 이번 조선백자 전시를 보며 즐거웠지만, 한편으로 아쉬움이 드는 건 어쩔 수 없구나. 15세기 후반에서 16세기 초반까지만 하더라도 상당한 수준의 백자를 선보였던 조선이었지만 임진왜란과 병자호란 이후에는 글쎄다. 17~18세기 중반까지 조선 느낌이 강한 개성적인 도자기를 탄생시키기도 했지만, 18세기 중반 이후부터 19세기를 지나며 확연하게 중국 및 일본보다 기본적인 도자기 질과 생산량 등 모든 면에서 크게 밀리는 산업이 되고 말았으니.

그런데 도자기 산업이 발달하지 못한 원인에는 전란으로 어지러웠던 17세기뿐만 아니라 정치적 안정기였던 18세기 대부분 기간을 통치한 영조(재위 1724~1776년)와 정조(재위 1776~1800년)의 영향도 무척 컸다는 사실. 앞서 보았듯 영조는 청화백자의 경우 용준(龍樽) 이외에는 제작하지 않도록 명했는데, 이는 검약을 강조하기 위함이었다. 또한 동일한 생각의 연장으로 철화백자에 대해 검약을 보여주는 모습이라 평하기도 했지. 마찬가지로 정조 역시 할아버지 영조처럼 검소한 그릇의 사용을 무척 강조하였다.

상(上; 정조)이 사옹원 부제조 서매수에게 묻기를,

"요사이 들으니 조정의 신료들이 일상으로 쓰는 도자기를 모두 갑번(匣燔)을 사용하며, 심지어 하인배들까지도 그것을 본받는 자가 많다고 하는데 정말 그런가?" 하니,

서매수가 아뢰기를, "참으로 그런 폐단이 있습니다." 하자, 상이 이르기를,

"보통으로 구워 만든 그릇도 쓸 만한데 어째서 꼭 갑번의 그릇을 따로 만들 필요가 있는가. 병 ·

갑발과 백자, 경기도자박물관.

항아리 · 술잔 · 종지 따위들도 모두 교묘한 것을
숭상하여 많이 새로 만든다고 하니 경이 도제조에
게 말하여 특별히 금지시키고 다시는 구워 만들지
말도록 하라." 라 하였다.

《조선왕조실록》 정조 17년(1793) 11월 27일

해당 기록은 정조가 갑발을 사용하는 도자기 생
산을 금지하라는 내용이다. 여기서 갑번(匣燔)이란
백자를 구울 때 흙으로 된 용기를 그릇 위에 씌워 구
운 고급 도자기를 뜻하지. 이 용기를 갑발이라고 하
는데, 도자기를 갑발에 넣어 구울 경우 땔감이 탈 때
가마 안에서 생겨나는 재와 먼지 같은 여러 불순물
이 표면에 접착되는 것을 막아줄 수 있으며, 가마 안
의 열기를 직접 받지 않아 그릇이 균형을 못 잡고 무
너지는 것 역시 잡아주었다. 즉 티끌이 묻지 않은

정밀한 백자, 즉 갑번을 만들기 위해서는 반드시 필요한 방법이었던 것. 당연히 최고급 청화백자의 경우 갑발을 사용했을 테고, 단순한 실용기인 달항아리 또는 식기류 등은 갑발을 사용하지 않았겠지.

우리 선대왕(先大王; 정조)께서 검덕이 전후로 마찬가지이셨으나, 경술년(1790) 이후로는 더욱 이 일에 마음을 쓰셨는데, 하루는 여러 신하를 불러 음식을 내려주시면서 하교하시기를, "나는 본성이 사치를 좋아하지 않기도 하려니와 지금은 원자의 옷자락이 점점 커가니, 하나하나 움직임에 모두 나를 보고 본받을 것이므로 내가 근년에는 많이 무명으로 옷을 지어 입고 음식도 극히 간략하게 하며, 그릇도 꽃을 그려 넣은 상품은 쓰지 않고 분원의 보통 그릇을 써서 일에 따라 복을 아끼는 도리를 실행하고 있다." 라 하셨습니다.

《조선왕조실록》 순조 32년(1832) 9월 15일

오죽하면 모범을 보인다며 정조는 본인마저 갑발을 씌우지 않은 분원의 보통 그릇을 사용할 정도였다. 그 누구도 아닌 왕이 이러한 행동을 선보이자 갑발을 씌운 도자기를 생산하기란 더욱 어려워진다. 아무래도 눈치가 보일 테니까. 이는 곧 정밀한

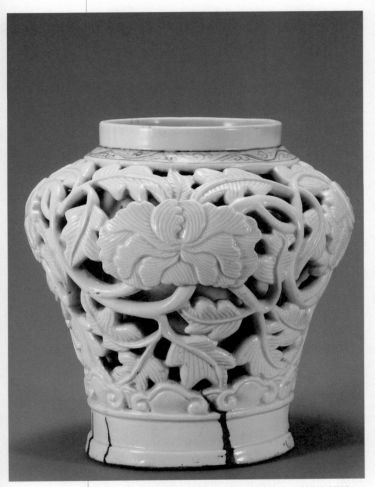

백자 투각모란무늬항아리, 정조 시절인 18세기 후반, 국립중앙박물관

백자를 생산하기 어려운 상황이 계속 이어졌음을 의미하기도 했다. 실제로도 그러했으니,

> 정묘조(정조 시절)에 화채(畵彩) 제조를 금한 후로 백자 위에 화훼(花卉)를 양각으로 불룩하게 구워내더니 오래지 않아 다시 청채(靑彩)를 사용하게 되었다.
>
> 이규경, 《오주연문장전산고(五洲衍文長箋散稿)》

라 하여 한동안 청화백자 생산이 금지된 채 대신 양각 기법이 유행하기에 이른다. 시장에서는 왕이 한 기법을 막으니 다른 기법을 통해 보기 좋은 도자기를 생산하고자 노력했던 것. 이처럼 조선 후기 도자기는 왕의 반복된 명이 만든 제약으로 오히려 발전이 저해되기도 했다. 결국 대놓고 기술 발전을 억제시켰던 만큼 19세기에 이르러서도 중국, 일본 동시대 도자기처럼 여러 채색 기법을 발전시키기는커녕 유약 아래 청화, 철화, 동화를 넣는 전통 방식의 채색 기법만 유지될 수밖에 없었던 것이다. 당연히 이런 분위기는 일부 개성적인 도자기를 생산한 계기가 되었을지 모르나, 갈수록 도자기 산업의 경쟁력이 떨어지는 이유가 되어버렸다.

음. 리움 전시에서 느낀 감정을 쭉 정리하다보니

전철역에 도착. 그런데 갑자기 오늘 따라 국립고궁박물관을 가보고 싶어지네. 마침 그곳에도 조선백자, 특히 왕실에서 사용하던 그릇이 여럿 전시 중이거든. 그래. 생각난 김에 여기 리움에서 가까운 한강진역에서 전철을 타고 이동하면 경복궁까지 약 40분 정도 걸리니, 한번 가보자.

전철 안에서

오늘도 느끼지만 전철이란 참으로 편한 대중교
통 수단이야. 도심 어디든 빠르고 편하게 이동할 수
있으니까. 자, 그럼, 스마트폰을 꺼내 확실하게 길
을 확인해봐야겠군. 네이버 맵을 살펴보니, 6호선을
타고 가다 약수역에서 갈아타고 경복궁역에서 하차
하면 끝. 오케이. 아참 요즘 들어 카카오 맵과 네이
버 맵을 일부러 다 사용해보고 있다. 비슷한 기능을
각각 어떤 방식으로 보여주는지 사용해보며 확인하
는 것이 재미있어서 말이지.

그런데 카카오 맵과 네이버 맵 역시 세계 시장을
장악하고 있는 구글 맵에 영향을 많이 받았다고 하
는군. 당연하겠지만 여러 기업이 경쟁할수록 고객

은 더 좋은 서비스를 받을 수 있는 모양이다. 반면 국내의 이런 모습과 달리 IT 기술이 부족한 나라에서는 타 국가, 특히 구글이 만든 맵을 주로 사용한다고 한다. 사실상 해외에 의존하는 상황이 되고 마는 것. 흥미로운 점은 조선 시대 도자기 문화에서도 유사한 일이 발생하고 있었다.

중국 자기는 정교하지 않은 것이 없다. 비록 시골의 다 부서진 집에서도 모두 황금이나 옥 같은 색깔로 채색한 항아리, 술잔, 병, 완 등이 있다. 그 사람들이 사치를 좋아해서가 아니라 도공의 일이 당연히 이와 같은 것이다. 반면 우리나라 자기는 몹시 거칠다.

박제가(朴齊家, 1750~1805년), 《북학의(北學議)》

수십 년 전부터 비로소 도자기를 빚는 데 적합한 흙을 얻었으나 그 나라에서는 드물게 사용하며, 쓰시마인(對馬人)들이 금으로 채색하여 만들어서 우리나라에다 비싼 값으로 판다.

원중거(元重舉, 1719~1790년), 《화국지(和國志)》

이는 18세기에 활동한 문인들의 기록으로 이미 동시대 중국, 일본의 채색 백자가 조선 것보다 훌륭한 질을 보여주고 있으며, 더 나아가 해외 도자기들이 한반도로 적극 유입되고 있음을 알려준다. 이런 상황이 지속되자 조선에서도 소중화 정신에 매몰되지 말고 주위 국가의 발전된 모습을 보며 우리 기술을 발전시키는 것이 필요하다는 의견이 점차 등장하였지.

실제로 18세기 중반을 넘으면서 조선에서는 북학(北學), 그리고 실학(實學)이 유행하기 시작했다. 그리 무시하던 여진족이 세운 청나라는 중국을 장악한 후 조선의 바람과 달리 강희제(1662~1722년), 옹정제(1722~1735년), 건륭제(1735~1795년)라는 걸출한 황제가 3대 연속으로 등장하며 엄청난 전성기를 구가하였다. 그러자 관점을 달리하며 이들이 성공한 비결에 대해 연구하기 시작한 것. 특히 북학학자들은 청나라 사신으로 갔을 때 경험했던 북경의 발전된 상공업 문화와 도자기를 포함한 여러 물품에 큰 관심을 보였는데, 조선 것과 비교하여 훨씬 정밀하고 완성도 높은 모습에 큰 매력을 느꼈다.

이에 다음과 같은 주장이 등장하였으니.

1. 박제가(1750~1805년)의 경우 조선이 상업을 천시하는 것은 잘못된 행동이며, 단순한 근검절약은 미덕이 아니라 하였다. 특히 소비는 단순한 소비

에 그치는 것이 아니라 재생산을 자극하는 것인 만큼 소비를 장려하고 해외 무역까지 적극적으로 나서야 한다고 주장했지. 참으로 넓은 세계를 본 인물이었다.

2. 이희경(1745~1805년)의 경우 중국 도자기 문화와 비교하여 조선 도자기의 낙후성을 이야기하면서 근검절약 정책을 비판했다. 또한 일본이 도자기 기술을 중국에서 적극 받아온 것과 마찬가지로 우리도 그리해야 한다고 주장하였지. 즉 중국 기술을 받아들여 도자기 산업을 발전시키자는 이야기.

3. 정약용(1762~1836년)의 경우 조선은 중국으로부터 여러 수공예 기술을 배워왔는데, 중국에서는 수백 년 동안 새로운 기술이 개발되었음에도 그것을 받아들이지 않음을 개탄하였다. 이는 청나라가 세워진 후 의도적으로 중국 문화를 무시하던 당시 분위기를 안타까워한 것이다.

그러면 그렇지. 그대는 어리석기에 그지없구려. 지금의 중국은 옛날의 중국이 아니라오. 명나라가 멸망하고 오랑캐가 판을 친 지 이미 수백 년이 되어 예의는 모조리 없어지고 인륜은 땅에 떨어졌으니,

어디에서 선왕들이 남긴 풍속을 찾아보겠소. 산천이 빼어나고 궁궐이 웅장하다고 말했는데, 여러 차례 전란을 겪으면서 깡그리 사라져 전쟁터가 되었고, 유목민들이 거주하는 곳이 되었으며, 사냥하기 위해 말을 달리는 곳이 되었소. 비린내 풍기는 오랑캐들만 옛 터에 자욱하여 옛날의 유주(幽州)와 기주(冀州)는 모두 삭막한 땅이 되어버렸소. 인물을 말했는데, 명문가의 후예들이 오랑캐로 바뀌어서 오랑캐의 언어를 구사하고 의관을 다르게 제작하며 털모자를 쓰고 말발굽 모양의 소매 장식을 한 의복을 입으며, 오로지 전쟁을 일삼고 말 타고 활쏘는 것을 일삼고 있으니, 볼 만한 문장(文章)과 논할 만한 시(詩)가 어디에 있겠소."

이희경, 《설수외사(雪岫外史)》

하지만 안타깝게도 이들의 발언권은 정부 내에서 그다지 크지 않았기에 영향력 역시 기대하기 힘들었다. 오죽하면 5회에 걸쳐 청나라 사신을 다녀온 이희경이 나이 때문인지 앞으로 더 이상 청나라를 방문하지 못할 것 같아 아쉬워하자, 이를 보고 비아냥대던 주변인의 발언을 보면 알 수 있지. 바로 위의 내용이 그것으로 이희경은 오랑캐가 지배하는 중국으로부터 배울 것이 뭐가 있냐는 이야기를 주변에서 참 많이 들었던 모양이다. 이것이 다름 아닌 18세기 후반에도 여전한 조선인들의 청나라에 대한 일반적인 인식이기도 했다.

이렇듯 청나라를 비판적으로 보던 시대였음에도 불구하고 조선 후기 때 인기리에 그려지던 책거리 병풍을 보다보면 흥미로운 점이 발견된다. 조선은 겉으로는 청나라를 무시하는 척 행동했으나, 한편으로 그들의 부강한 모습을 크게 부러워하던 모습이 잘 느껴지니까. 이런 모습은 마치 근대부터 21세기 직전까지 한국인들이 일본을 겉으로 무시하는 척하면서 실제로는 선진국이 된 그들을 크게 부러워했던 모습과 은근 유사하다고나 할까?

결국 일본에 대한 이중적 감정은 우리도 근래 경제, 문화적으로 선진국 수준까지 오르면서 거의 사라진 것 같으나 조선은 멸망하는 마지막 순간까지 상업의 번성함과 공예품 수준에서 청나라에 이르지 못했으니. 음, 참으로 안타까운 시대였다.

책거리 속 도자기

중국에서는 명나라 시대부터 사대부들이 서재에서 차를 마시면서 오래된 도자기와 문방사우 등을 감상하는 문화가 크게 발달하였다. 해당 문화는 청나라가 들어선 후 더욱 유행하여 황제부터 사대부 및 부호까지 집 안에 나무로 짠 고급 장식장을 두고 도자기, 청동기, 옥기, 책 등을 전시하였으며, 이를 회화 장식으로 그리거나 작은 미니어처 장식품으로 선보이기도 했다.

이러한 중국 문화는 점차 조선에도 영향을 미쳤으니, 소위 책거리 병풍이 그것이다. 요즘 들어 책거리 병풍은 조선 후기 시대를 대표하는 회화로서 남다른 주목을 받는 중인데, 덕분에 국내 박물관에

건륭제 다보각경(多寶各景). ⓒ고궁박물원

옹정제 십이미인도(十二美人圖) 중 박고유사(博古幽思). 미술품을 경쟁하듯 소장하고 감상하던 문화가 만들어낸 풍경이다. ⓒ고궁박물원

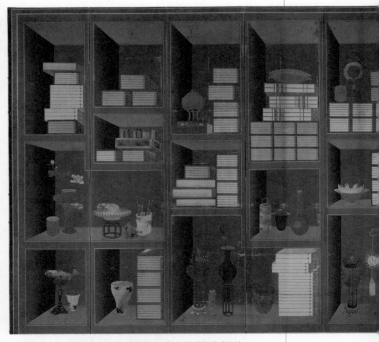

전이형록필책가도(傳李亨祿筆册架圖), 19세기, 국립중앙박물관.

서 책거리 병풍을 선보이는 전시 역시 갈수록 많아
지고 있으며, 미술 경매에서도 갈수록 높은 가격에
낙찰되고 있다. 그런데 조선에서 책거리 병풍이 인
기를 얻기 시작한 것은 다름 아닌 정조와 연결된다
는 사실.

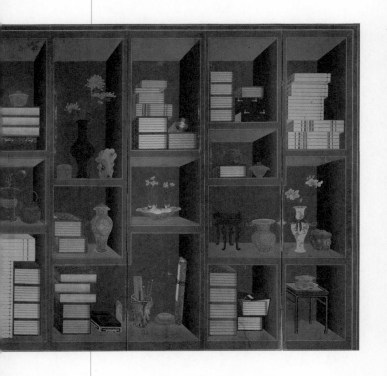

　　어좌 뒤의 서가를 돌아보며 입시한 대신들에게
이르기를, "경들도 보이는가?" 하시었다. 대신들이
"보입니다."라고 대답하자, 웃으면서 다음과 같이
말씀하셨다. "어찌 경들이 진짜 책이라고 생각하겠
는가. 책이 아니라 그림일 뿐이다. 예전에 정자(程
子)가 이르기를, 비록 책을 읽을 수 없다 하더라도

서실에 들어가 책을 어루만지면 오히려 기분이 좋아진다고 했다. 나는 이 말의 의미를 이 그림을 통해 알게 되었다. 책 끝의 표제는 모두 내가 평소 좋아하는 경사자집(經史子集)을 썼고 제자백가 중에서 오직 장자(莊子)만을 썼다." 그리고 탄식하며 다음과 같이 말씀하셨다. "요즈음 사람들은 글에 대한 취향이 완전히 나와 상반되니, 그들이 즐겨 보는 것은 모두 후세의 병든 글이다. 어떻게 하면 이를 바로 잡을 수 있단 말인가. 내가 이 그림을 만든 것은 대체로 그 사이에 이와 같은 뜻을 담아두기 위한 것도 있다.

《일득록(日得錄)》, 홍재전서(弘齋全書), 권162, 문학2

이는 정조가 책거리 그림을 좋아하여 어좌 뒤에 배치한 후 신하들에게 보여주었다는 기록이다. 이를 통해 어좌 뒤에 왕권을 상징하는 '일월오봉도(日月五峯圖)'를 대신하여 책거리 병풍을 둘 만큼 남다른 의미를 부여한 정조의 모습이 느껴지는군. 책거리 병풍을 자신이 선보이고자 한 문치 정치의 상징으로 바라본 모양. 이렇듯 왕이 책거리 병풍을 크게 우대하니, 당연하게도 그 인기는 시간이 지날수록 여러 계층으로 빠르게 퍼져나가기 시작했다.

19세기에 활동한 이형록(李亨祿, 1808~1883년)

은 책거리 병풍을 대표하는 작가이자 화원 가문 출신으로도 유명하다. 어느 정도냐면 이형록의 고조부인 이성린(李聖麟, 1718~1777년), 조부 이종현(李宗賢, 1748~1803년), 부친 이윤민(李潤民, 1774~1841년) 등이 화원이었으며, 이형록의 아들인 이재선(李在善)과 이재기(李在基), 더 나아가 손자 이덕영(李悳泳)까지도 화원이었거든. 사실상 조선 후기를 대표하는 화원 가문이었던 것. 다만 명성이 높았던 조상들에 비해 명성이 조금 하락한 자손들은 구체적인 생몰 시기가 잘 알려져 있지 않다.

화사 이윤민의 자는 재화(載化)이고 문방(文房)을 잘 그려서 지체 높은 집의 병풍은 그의 손에서 나온 것이 많았으며, 그 뛰어난 솜씨는 당대에 버금 갈 사람이 없다고 일컬어졌다. 그의 아들 이형록도 가업을 계승하여 아버지처럼 그림을 그렸는데, 아주 정교한 솜씨를 가지고 있었다. 나에게는 그가 그린 여러 폭짜리 문방도(文房圖) 병풍이 있는데, 사람들이 방 안에 놓인 병풍을 보고는 서가에 책이 가득 찬 것으로 착각하고, 가까이 다가와서 보고는 속은 것에 어이없어 웃곤 하였다. 그 그림의 정묘한 것이 마치 실물과 같았다.

유재건(1793~1880년), 《이향견문록(里鄕見聞錄)》

이 중 이형록과 그의 아버지 이윤민이 그린 문방도(文房圖), 즉 책거리 병풍은 당시 지체 높은 이들에게 대단한 인기를 얻고 있었다. 마치 실제처럼 그려진 그의 그림에 놀라워했을 정도니까. 이는 곧 책거리 병풍을 통해 당대 고위층이 즐기던 또는 즐기고 싶어하던 문화를 간접적으로 파악할 수 있다는 의미이기도 하지.

헌데 이형록이 그린 것으로 전해지는 책거리 병풍을 살펴보면, 유독 중국 도자기가 많이 보이는 걸? 장식장에 보이는 다양한 색감을 지니고 있는 도자기들은 하나같이 청나라 민요에서 제작한 도자기이니까. 오죽하면 책거리 병풍에 등장하는 도자기 중 조선에서 제작한 것은 거의 찾아보기 힘들 정도다. 마찬가지로 다른 여러 책거리 병풍들 역시 자세히 살펴보면 마찬가지로 조선 도자기가 표현된 경우가 매우 드물다는 것을 깨닫게 된다.

그렇다. 이를 미루어 볼 때 19세기 들어오자 조선의 고위층들은 어느덧 중국 도자기의 매력에 완전히 빠져 있었던 모양이다. 이에 자신의 부와 명예를 상징하는 책거리 병풍에 가능한 중국 도자기를 등장시킴으로써 남다른 품위를 보이고 싶어했다. 반면 조선 도자기는 책거리 병풍에 거의 등장하지 않는 것으로 보아 당대 고위층 평가에서 그리 높은 대접을 받지 못했음을 알려주지. 이처럼 19세기에 들어서자 조선의 도자기 산업은 더욱 더 녹녹치 않은 상황에 직면하고 있었다.

　오호. 이제 경복궁역에 도착. 내려서 국립고궁박물관으로 걸어가볼까.

5
근대에 들어와

국립고궁박물관

　3호선 경복궁역에서 5번 출구로 나오면 바로 국립고궁박물관에 도착한다. 이곳은 서울을 대표하는 관광지인 경복궁 영역 내 서쪽에 위치하는 만큼 외국인 비중이 은근 높은 박물관이다. 관람객 중 약 20%가 외국인일 정도. 오늘도 내부로 들어서자 용산에 위치한 국립중앙박물관, 그리고 한국을 대표하는 사립박물관인 리움보다도 외국인이 훨씬 많이 보이는걸. 주변으로 중국어, 일본어, 영어 등 여러 외국어가 들리고 말이지. 경복궁을 들른 김에 국립고궁박물관을 들르는 이가 많은 것 같으니, 아무래도 경복궁이 지닌 힘일지도 모르겠다.

　한편 국립고궁박물관은 조선 왕실 유물을 한곳

에 모아 전시하는 것을 목표로 2005년 개관하였으니, 이를 위해 독립 이후 국립중앙박물관, 서울대학교, 여러 고궁, 한국학중앙연구원 등으로 뿔뿔이 흩어진 조선 왕실 유물이 이곳에 대거 모였다. 게다가 박물관의 역사 또한 1908년 조선 왕실이 창경궁에 설립한 제실박물관, 즉 이왕가박물관의 후계자로 자리매김된다. 즉 실제로는 2005년 개관한 신생 박물관이나, 족보상으로는 1908년 이왕가박물관을 잇는 형식이 된 것. 이런 모습은 마치 양반가에서 후손을 잇기 위해 양자를 들인 느낌으로도 다가오네.

어쨌든 박물관 설립 목표가 이러하니, 전시 내용은 조선 왕실과 연결되는 것이 많으며 덕분에 궁궐 문화 전반을 이해하는 공간으로서 훌륭한 모습을 보여주고 있다. 그런 만큼 만일 조선 왕실 문화가 궁금하신 분은 경복궁 서쪽에 위치한 국립고궁박물관을 특별히 추천하고 싶군. 다만 아쉬운 부분이 하나 있다면 임진왜란 때 고궁이 불타 사라진 적이 있어서 그런지 조선 전기 유물이 많이 부족한 편임. 즉 조선 후기와 근대 유물이 전시의 대부분이라 하겠다.

박물관 기획전 역시 조선 왕실 문화와 연결되는 내용, 또는 해외 왕실 관련한 전시가 주로 개최되고 있으며 수준이 꽤 높다. 기억나는 전시로는 헝가리 왕실 전시, 리히텐슈타인 왕실 전시, 베트남 황실 전시, 류큐 왕국 전시, 청 황실 전시 등이 있었음.

그럼, 본래 계획대로 국립고궁박물관에서 전시 중인 도자기를 살펴봐야겠군.

왕실에서 사용한 해외 도자기

전시장을 쭉 돌다보니, 저기 화유옹주가 사용한 화장품 용기가 보이는걸. 화유옹주(和柔翁主, 1740~1777년)는 영조의 열 번째 딸이자 정조의 고모였던 만큼 당연히 주요 왕실 사람이었지. 그의 무덤은 경기도 부천시에 있었는데, 도로 건설 때문에 묘를 근처로 이장하던 중 여러 유물이 출토되었다. 이를 후손들이 국립고궁박물관에 기증하면서 현재 박물관에서 만날 수 있게 된 것. 즉 해당 유물은 당대 최고위층 여성이 사용한 물건이라 할 수 있겠다.

그런데 흥미롭게도 화유옹주가 사용한 기물 중 청화백자 연꽃무늬합과 황채장미무늬병은 중국 경덕진에서 제작한 기물이며, 청화백자 풀꽃무늬잔과 청화백자 풀꽃무늬합은 일본 아리타에서 제작한 기물이라는 사실. 이는 곧 중국과 일본 도자기를 옹주가 사용했음을 알려준다. 응? 영조, 정조가 남달리 검약을 강조하면서 국내 청화백자의 경우 제작 및 갑발 사용마저 제약을 두고자 했건만, 동시대 왕실 인원은 중국과 일본 도자기를 사용했다니 뭔가 핀트가 맞지 않는데?

이뿐만이 아니었다. 경기도 남양주에 위치한 영조의 일곱 번째 딸인 화협옹주(和協翁主, 1733~1753년) 묘에서는 2016년 화장품 용기로 사용한 총 12점의 도자기가 부장품으로 출토되었는데, 이 중 중국 도자기가 7점, 일본 도자기가 4점인 반면 조선 도자기는 1점에 불과했다. 왕실 고위층이 사용한 도자기 12점 중 겨우 1점이 조선 도자기라니. 조금 충격이군.

마찬가지로 사도세자와 혜경궁 홍씨의 장자인 의소세손(懿昭世孫, 1750~1752년)의 무덤인 의령원에서도 일본 아리타 도자기가 출토되었으며 정조의 장남인 문효세자(文孝世子, 1782~1786년) 묘인 효창원에서도 중국, 일본 도자기가 출토되었다. 이외에도 영, 정조 시대 왕실 무덤에서 유독 중국, 일본 도자기가 함께 출토되는 상황이다. 이를 미루어 볼 때 영조, 정조가 사치를 막기 위해 남다른 노력을 펼

위 | 화유옹주 묘 출토 유물, 국립고궁박물관. 아래 | 의령원에서 출토된
아리타 백자다채등나무문합, 국립중앙박물관.

첬음에도 실제로는 왕실 인원마저 통제하기 힘들었나보다. 아님 왕실 인원은 열외였는지도 모르지.

당연히 당대 문헌 기록에서도 이런 분위기를 읽을 수 있다.

1759년 기록된 영조정순왕후가례도감의궤(英祖貞純王后嘉禮都監儀軌)에 따르면 당 사발 2립, 당 자완 1개, 당 대접 7개, 당 사발 1개 등을 사용했다는 기록이 있어 당시 청나라 도자기가 왕실 행사에서 부분적으로 사용되고 있음을 알려준다. 그러더니 1795년 화성행궁에서 치룬 혜경궁 홍씨의 회갑연의 경우 관련 행사 기록에 등장하는 153종의 도자기 중 청나라 도자기가 무려 112회, 조선 도자기가 41회로 약 3배 가량 청나라 것을 더 사용하기에 이른다. 사실상 18세기 후반이 되면 청나라 도자기가 왕실 행사를 위한 주요 그릇이 된 것.

무엇보다 1786년, 1787년, 1790년, 이렇게 세 차례에 걸쳐 청나라 건륭제는 정조에게 총 10여 점의 황실 관요 자기를 선물로 보내준 적이 있었다. 이는 법랑, 분채 등으로 불리던 청나라에서 제작하는 최고 수준의 채색 자기로서 건륭제가 특별히 귀한 물건을 보낸다면서 정조에게 준 선물이었지. 안타깝게도 어지러웠던 조선 말과 일제 강점기를 거치며 사라졌는지 현재는 해당 물건이 전해오고 있지 않

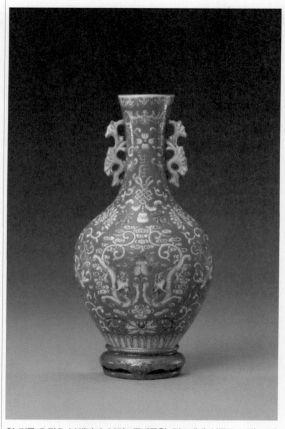

청 건륭제 관요 분채자기, 북경고궁박물원 정조에게 선물로 보낸 도자기는 이런 형태였을 것이다. ©고궁박물원 http://www.dpm.org.cn

지만, 19세기 조선의궤에 등장하는 그림 덕분에 대략 그 형태를 짐작할 수 있다. 이처럼 당시 청나라 황실에서는 청화 백자가 아닌 채색 자기가 최고의 격으로 올라선 상황이었다.

한편 18세기 들어오면서 청나라, 일본 도자기를 점차 수입해 사용했다지만 청나라 황실 관요를 이때 처음 받아본 조선 조정은 매우 놀랐을 것이다. 입이 딱 벌어질 정도로 상상을 초월하는 수준으로 관요가 제작되고 있었으니 말이지. 그나마 비슷한 수준으로 만들어보자는 도전 의식이라도 가질 만한 15세기 명나라 때와는 달리 청나라 관요 수준은 어느덧 조선이 아무리 노력해도 모방조차 할 수 없는 아득히 높은 수준에 올라서 있었던 것. 오랜 세월 동안 기술을 끊임없이 연마, 발전시킨 국가와 대놓고 기술 제약까지 두며 발전을 등한시한 국가가 보여준 당연한 차이였다.

개인적으로 정조가 고급 백자 생산을 위한 갑발 사용을 금지하고자 한 이유 중 하나가 "고급 도자기 생산에서 조선이 결코 청나라와는 경쟁할 수 없음을 깨닫고 내린 조치가 아니었을까?"라고 이해될 정도. 대신 조선은 일상적으로 사용하는 생활형 도자기 생산에 집중하라는 의미로 말이지. 물론 개인적인 추정임. 그만큼 동시대 청나라 건륭제 시절 관

위 | 백자꽃새무늬의자, 청나라, 19세기, 국립고궁박물관. 아래 | 법랑 대접, 청나라, 19세기, 국립고궁박물관. 19세기 들어와 청나라 민요에서 제작된 기물이 조선 왕실에서 적극 사용되고 있었다.

요의 질은 상상 이상의 모습을 보여주었다. 지금도 건륭 시대 관요 자기는 여러 이름난 세계 박물관에서 소장하고 있으며, 미술 경매에서도 매번 엄청나게 비싼 가격으로 거래되고 있다. 사실상 근대 이전까지 인류가 만날 수 있는 최고 수준의 자기였던 것.

그래서일까? 조선 왕실의 행사를 기록한 의궤 등을 살펴보면 19세기로 들어오면서 중국 법랑, 분채 등이 더욱 적극적으로 사용되기에 이른다. 마침 여기 박물관 안에도 청나라에서 수입한 민요 법랑기가 여럿 전시되어 있구나. 음. 이러한 상황 속에서도 조선백자는 살아남기 위한 도전을 여전히 이어가고 있었다. 물론 17세기 이후 기술과 경쟁력이 주변 국가들에 비해 크게 밀린 만큼 아주 어려운 길이 분명했지만.

조선 관요의 민영화

　사옹원 관원 도제조가 보고하길 "광주 번조소에 입역하는 장인 등은 본래 모였다 흩어지는 부류로 2월부터 10월에 이르기까지 오랫동안 부역에 동원되는데 주야가 없습니다. 본래 토지도 없고 농사지을 겨를도 없는데, 다만 외방장인의 번포(番布; 근무를 대신하여 바치던 면포)와 약간의 사번(私燔)을 가지고 매번 팔아 생계를 유지합니다."

《승정원일기》 숙종 26년(1700) 11월 10일

　경기도 광주에 위치한 관요는 처음에는 전국의 지방요에 소속된 도공들이 자신의 차례가 되면 광주로 와서 한동안 일하다 돌아가는 방식으로 운영되었다. 그러다 숙종 시기에 이르러 관요에 장인들을 전속시키고, 이들이 가족과 함께 광주에 마을을 만들어 사는 방식으로 자리 잡는다. 관요 근무를 하지 않는 지방의 도공들에게는 대신 면포를 받아 관요에 일하는 도공들에게 이를 지원했다. 당시 면포는 물물 교환에서 사실상 화폐 같은 역할을 했거든. 면포를 주고받으며 물건을 구입하는 방식이 그것. 즉 상업적인 판매에 집중하는 지방요에서 나오는 이익 중 일부를 관요 도공에게 주는 방식으로 관요를 운영했던 것이다.

그런데 문제가 발생했다. 지방요가 갈수록 경쟁력 하락과 함께 무너지면서 지방 도공들의 숫자가 크게 줄어들기 시작한 것. 당연히 받을 수 있는 면포가 줄어드는 만큼 관요에서 활동하는 이들을 지원할 방안이 사라졌기에 조선 정부에서는 고민 끝에 사번(私燔)을 허락하게 된다. 이는 관요의 도공들에게 궁궐이나 관청에 진상할 백자 이외에 사사로이 도자기를 구워 판매할 수 있도록 한 조치였다. 사실상 그동안 음지에 숨어 암암리에 이어오던 것을 양지로 꺼냈다고 볼 수 있겠지.

영중추부사 채제공이 아뢰기를 "신은 지금 사옹원 도제조를 맡고 있으니 분원의 누적된 폐단 중에

백자청화 국화문병, 이화여대박물관. 순조의 덕온공주(德溫公主, 1822~1844년)의 궁가인 "뎌동궁", 즉 저동궁이라는 명문이 있음. 해당 도자기는 명문을 통해 왕실에서 사용된 물건임을 알 수 있다. 다만 19세 기가 되면 이와 유사한 수준의 도자기를 어느덧 일반 사대부나 중인층 까지 구할 수 있는 시대가 된다. ⓒPark Jongmoo

여쭙고 바로잡지 않을 수 없는 것이 있습니다. 1년에 두 분기로 그릇을 구워 만들어 진상할 때 여러 방(房)에 나누어 주는 수효가 400여 죽(竹)에 이르는데, 그 요구가 해마다 더욱 심해지고 있으니 이것이 견디기 어려운 폐단입니다.

《일성록(日省錄)》 정조 18년(1794) 10월 8일

그런데 사번을 허락하자 흥미로운 일이 생겼다. 매년 궁궐과 관청에서 사용하기 위해 경기도 광주에서 진상하는 그릇이 1300여 죽(竹), 즉 1만 3000여 점 정도였는데, 100년 사이에 사번으로 구워져 여러 곳으로 이동하는 그릇이 어느덧 400여 죽(竹), 즉 4000여 점에 이르게 된 것이다. 이는 숙종 이후 급격하게 사번으로 굽는 그릇의 양이 늘어났음을 보여준다. 특히 이때 시장에서는 가능한 갑발을 사용한 고급 그릇을 원했던 만큼 비싼 가격에 거래할 수 있는 갑번 그릇이 인기리에 제작되었거든. 이런 사치 풍토를 막고자 정조는 가능한 갑번 제작을 막고자 노력하였지만, 정조가 죽자 당연히 갑번 도자기는 다시금 인기리에 제작되었다.

그 과정에서 사번으로 구워진 그릇은 양반, 중인층 등 백자를 원하는 이들에게 제공되었으며, 여기에는 상인들이 적극적으로 개입하였다. 돈이 될

1866년 고종과 명성황후 혼례 때 사용한 청화백자 항아리, 국립고궁박물관. 이 역시 왕실에서 사용된 도자기이지만 이와 유사한 디자인을 일반 사대부나 중인층마저 돈만 있다면 충분히 구할 수 있었다.

만한 곳에 상인이 모이는 것은 당연한 일이니까. 덕분에 19세기 들어오자 왕실에 공납되는 수준의 도자기마저 돈만 있다면 민간에서도 구할 수 있는 시대가 열렸고, 관요가 지닌 의미 역시 그만큼 약해졌다. 예를 들면 위의 도자기 역시 왕족을 위해 생산되었지만, 어느덧 비단 왕과 왕족뿐만 아니라 다른 계층들도 돈만 지불한다면 같은 디자인의 그릇을 사용할 수 있었거든.

이렇듯 상황이 크게 변화한 만큼 조선 정부에서도 고심 끝에 경기도 광주에 위치한 관요 제작소의 운영을 12명의 민간업자에 넘기게 되니, 이때가 1884년의 일이다. 이를 소위 관요의 민영화라 부르지. 하지만 시장 움직임에 따른 적극적 변화를 보이기에는 그 시기가 너무 늦은 모양이다.

관요를 대신하여 분원자기공소(分院磁器貢所)가 1883~1895년간 운영되었으나 오히려 정부가 그릇을 받고도 값을 지불하지 않아 자금난으로 무너졌으며, 이를 대신하여 번자회사(燔磁會社)가 1897~1910년간 운영되었으나, 역시나 가격 경쟁력의 한계로 무너지고 말았다. 이후에도 분원자기주식회사(分院磁器株式會社)가 설립되어 1910~1916년간 운영되었지만 이 역시 폐업하면서 조선 관요에서 이어지던 조선백자의 맥은 끊어졌다. 무엇보

청화백자 임인칠월분원 접시, 1902년, 국립중앙박물관. 소위 관요의 민영화 시절 제작된 청화백자이다.

다 이 시점부터는 공장에서 근대 기술로 제작한 일본 도자기가 적극적으로 한반도에 유입되면서 가격과 질 등 모든 부분에서 경쟁이 쉽지 않게 되었거든.

이런 스토리를 알고 있어서 그런지 이곳에 들러 19세기 백자를 보다보면 조선에서 더 이른 시점부터 도자기 산업을 적극적으로 시장과 연결시켰다면 어땠을까 하는 아쉬움이 들곤 한다. 만일 그러했다면 자국 시장마저 철저하게 해외 도자기에게 뺏기는 상황을 어느 정도는 막아낼 수 있지 않았을까? 도공에 대한 대우 역시 일개 공납을 위한 기술자가 아니라 사업자 아, 아니, 최소한 임금 노동자 수준의 대접을 했다면 더욱 적극적인 활동이 가능했을 테고 말이지. 더욱이 도공들에게 허락한 사번 제도 역시 이른 시점에 합법적으로 과감하게 열어줄 필요가 있었다.

하긴 이 역시 조선이 세계사의 흐름에 큰 관심을 두지 않아 만들어진 결과 중 하나겠지. 임진왜란과 병자호란 이후 생겨난 커다란 패배 의식을 극복하기 위해 성리학을 중심으로 한 보수적 사상에 집중한 채 주변 국가들에 비해 상업, 기술 발전은 등한시했으니까. 너무 오랜 기간 이런 세계관이 지속되며 축적된 모순과 문제가 컸기에 뒤늦게 해결하고자

했지만 수정 또한 쉽지 않았을 것이다. 여러 모로
조선 후기 역사는 아쉬운 점이 참 많구나.

근대 도자기 유입

　　1895년 청일전쟁에서 청나라가 일본에게 패한 뒤 이번에는 한반도를 두고 러시아와 일본이 대립하자, 조선은 1897년 대한제국으로 국호를 변경하고 황제가 통치하는 국가로 일어서고자 했다. 이에 고종(재위 1864~1907년)은 조선 왕에서 대한제국 황제로 신분이 승격되었으며, 근대화를 위한 정책을 적극적으로 선보였다. 그 과정에서 근대를 상징하는 서양식 문화가 한반도에 유입됐는데, 덕분에 보수적인 궁정 문화에도 서양식 요리가 적극 도입되었다. 예를 들면 1. 크넬 콩소메 2. 구운 생선과 버섯 요리 3. 꿩 가슴살 포도 요리 4. 푸아그라 파테 5. 안심 송로버섯 구이 6. 양고기 스테이크 7. 샐러드

8. 치즈와 디저트 9. 커피 등이 바로 그것.

당연히 이런 변화에 따라 그릇 역시 새로운 디자인이 필요할 수밖에. 기존의 조선 도자기는 아무래도 서양식 음식과 궁합이 맞지 않을 테니까. 바로 그 그릇들로 이루어진 식탁과 근대화된 궁궐 분위기를 국립고궁박물관 1층 대한제국 전시실에서 재현하여 보여주고 있다는 사실. 어서 들어가 확인해 보자.

오호~ 테이블 위에는 서양식 도자기가 잘 세팅되어 있네. 확실히 근대적 느낌이 잘 느껴진다. 가만~ 이 모습을 감상하다보니, 갑자기 이런 생각이 드는걸. 세종 시대에 명나라 선덕제가 식기 세트로 백자를 보내주었을 때도 그릇의 형태와 담는 음식이 다를 뿐만 아니라 '이제 확실히 새로운 시대가 열렸구나.' 하는 묘한 감정이 들었겠지? 아무래도 당시 질 높은 명나라 백자가 주는 매력과 충격은 근대 시절 근대 그릇이 주는 충격과 유사했을 듯싶다.

다만 다른 점이 있다면 15세기 명나라 선덕제가 보낸 백자를 모델로 삼아 조선에서는 안정된 정치와 사회를 기반으로 높은 수준의 백자를 완성시키는 데 성공했지만, 19세기 근대 시절에는 그럴 시간이 충분치 않았다는 것. 한반도에 대한 영향력을 두고 벌어진 청일전쟁과 러일전쟁에서 승리한 일본은

1905년 을사조약을 맺으면서 대한제국의 외교권을 박탈시켰고, 1907년 정미조약과 기유각서를 통해 대한제국의 군대를 해산시켰으며, 1910년 한일병합조약을 체결하면서 대한제국 자체를 멸망에 이르게 했으니까.

결국 대한제국은 첫 포부에 비해 단지 13년만 유지된 채 역사 속으로 사라졌다. 그리고 대한제국의 황실 일가는 이왕가 왕실 일가로 격하된 채 일본 왕족에 준하는 대접을 받는다. 이는 한반도 역사에 있어 여진족이 세운 청나라에게 굴복하여 삼전도의 굴욕을 당한 사건 이상의 굴욕이었다.

그런데 이와 같은 대한제국의 안타까운 마지막 모습은 지금 보이는 서양식 식탁에서도 발견할 수 있구나. 대한제국 황실과 이왕가 왕실에서 사용한 서양식 그릇 중 상당수가 유럽, 일본 등에서 만들어진 것이니까. 이는 곧 일본은 조선과 달리 근대 서양식 도자기의 물결이 물밀 듯이 들어올 때도 빠른 변화에 적응하면서 신형 그릇 제작에 성공했음을 의미한다.

이렇듯 17세기 이후 한반도는 여진족이 세운 국가가 중국을 정복하고 황제국이 된 시대 다음으로 19세기에는 일본이 아시아를 대표하는 근대 국가가 되는 장면까지 경험하였다. 그 흐름마다 한반도에

백자 선무늬탕기와 접시, 국립고궁박물관. 영국에서 대한제국 황실을 위해 제작한 백자.

백자 오얏꽃무늬튜린과 접시. 국립고궁박물관. 프랑스에서 대한제국 황
실을 위해 제작한 백자.

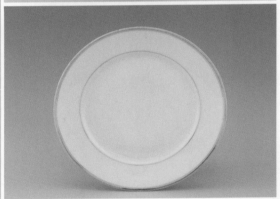

백자 오얏꽃무늬튜린과 금선무늬접시, 국립고궁박물관. 대한제국 멸망 후 이왕가를 위해 일본 도자기 회사에서 제작한 백자.

서 사용하는 그릇 역시 큰 변화가 일어났지. 청나라 도자기의 유행에서 일본 도자기 유행으로의 변화가 그것. 매번 우리보다 뒤처졌다고 여긴 집단들이 근래 들어와 이렇듯 큰 성공을 거두었으니, 한반도 사람들은 감정적으로도 참 힘들지 않았을까? 그렇게 쌓인 패배 의식은 21세기가 된 지금까지도 여전히 그 앙금이 남아 있는 듯하다.

일제 강점기와 독립 이후 도자기

　오늘의 박물관 구경은 다 끝난 듯하고 이제 밖으로 나가련다. 출구로 나서자마자 화려한 단청을 한 경복궁이 매력적으로 등장하는구나. 일제에 의해 철저하게 파괴된 경복궁이 독립 후 꾸준히 복원되어 지금의 모습을 보이게 되었으니, 참으로 감개무량하군. 경복궁을 가만히 지켜보면서 마음 속 깊이 남아 있는 패배 의식의 앙금마저 완전히 이겨내는 시대가 열리기를. 그리고 가까운 미래에 한때 여진족이나 일본이 해낸 아시아 중심지 역할을 이번에는 대한민국이 당당히 보여주기를 간절히 바라는 나를 발견한다. 그래. 한반도의 저력을 한 번 믿어보자.

한편 오늘 리움에다 국립고궁박물관까지 방문해서 그런가. 슬슬 다리가 아프고 체력이 떨어진 듯하네. 역시 박물관 구경은 체력이 매우 중요함. 그럼 슬슬 3호선을 타고 집으로 돌아가볼까? 이동하다 충무로에서 4호선으로 갈아타면 집으로 갈 수 있겠다. 룰루랄라.

이렇듯 마지막 이동을 시작하니, 일제 강점기 시절에는 과연 한반도 도자기 문화가 어떠했는지 갑자기 궁금해지는걸. 이 부분에 대한 이야기는 서울 내 여러 박물관에서 보거나 들은 적이 별로 없는 듯해서 말이야. 마침 이와 관련한 콘텐츠는 내 고향인 부산, 이 중 부산박물관에 많이 소장되어 있다는 사실. 덕분에 나는 성인이 되어 부산을 자주 다니면서 전시 등을 통해 종종 만난 적이 있었다.

일제 강점기 시절 부산에는 일본경질도기(日本硬質陶器)라는 회사가 설립되었다. 이는 조선총독부의 적극적인 지원 속에 일본 기업인이 투자하여 만든 것이다. 이때 근대 기술을 바탕으로 기계를 이용한 산업 도자기를 생산하였는데, 회사 이름에 자기(瓷器)가 아닌 도기(陶器)가 등장하는 점에 주목하자. 다만 비록 낮은 온도에 구운 도기이지만 근대식 공장에서 제작하는 방법을 통해 치밀한 단단함을 지닌 실용성 있는 그릇이었지. 이는 근로자의 몸

일본경질도기주식회사의 찻잔과 찻잔받침, 부산박물관.

값이 높아진 일본 내 도자기 공장은 더 부가가치가 높은 자기를 생산하여 유럽, 미국에 수출하는 대신, 동시대 한반도 근로자의 몸값은 비교적 낮은 만큼 도기를 생산하여 한반도, 중국, 동남아시아에 판매하겠다는 전략이었다.

하지만 일본이 미국과 소련에게 제2차 세계대전에서 패하면서 한반도는 수십 년간의 고통에서 벗어나 독립하게 된다. 그러자 일본경질도기주식회사는 미국에 의해 적산 재산으로 분류되더니, 이후 한국인에 의해 경영되면서 대한경질도기, 더 나아가 대한도기로 사명이 변경되었지.

아참. 관련 이야기를 약간만 더 하자면 일제 강점기가 끝날 무렵 남한 내 지어진 공장 중 약 85%를 일본인이 소유하고 있었다고 하니, 자본 귀속이 얼마나 심했는지 알 수 있다. 타국가의 식민지가 되면 얼마나 경제적으로 비극적인 상황이 만들어지는지 잘 느껴지네. 하지만 일본인 소유의 2700여 개의 공장들은 일본이 전쟁에서 패한 후 미국에 의해 대부분 남한 정부로 빠르게 이전된다. 그리고 남한 정부는 이를 정치에 끈이 있는 거물 한국인에게 분배하여 나눠주었는데, 이 중 지금까지도 이어지고 있는 기업은 약 50여 개라 함. 나름 살아남은 기업은 현재 재벌 회사의 기반이 되며 생존에 성공한 것이라

제2차 세계대전 시기 일본의 동남아 진출을 기념한 일본경질도기주식회
사의 접시. 부산박물관.

하니, 약 2% 생존율을 보였구나.

다시 도자기 이야기로 돌아와서 갓 독립한 한반
도에는 또 다시 비극이 이어졌다. 6.25가 바로 그것.
독립 후 소련의 지원으로 한반도 북쪽에는 북한이,
미국의 지원으로 남쪽에는 남한이 세워지더니 미국
과 소련을 대신하여 한반도에서 남북이 대리 전쟁
을 펼쳤으니까.

당시 한반도 전역이 전란에 휩싸였는데, 부산은
운 좋게도 전쟁으로부터 안전한 곳으로 알려지면서
수많은 피난민이 모여든다. 마침 우리 가족 역시 할
아버지, 할머니가 6.25 때 부산으로 피난 가서 정착

위 | 대한도기 장미그림전사접시, 부산박물관.   아래 | 대한도기 4성장군
표기접시, 부산박물관.

위 | 대한도기 바둑전사접시, 부산박물관　아래 | 대한도기 노인전사접시, 부산박물관.

했거든. 덕분에 부모님뿐만 아니라 나 역시 부산에서 태어났지. 그런데 부산에 위치하던 대한경질도기, 즉 대한도기에서는 6.25 때 피난민으로 부산에 온 예술가가 많았던 관계로 이들의 손으로 그려진 다양한 그림을 담은 도기 그릇을 제작하였다. 특히 이 중에서도 당대 문화 풍경을 그린 접시가 참으로 흥미롭게 다가오네.

6.25 전쟁 이후 한반도의 산업 도자기는 빠른 속도로 발전을 거듭하였다. 이는 과거와 달리 대한민국이 세워진 후 세계 도자기 유행을 면밀히 파악하며 적극적인 기술 개발과 해외 진출을 꾀하면서 이룩한 열매였지. 늦었지만 현대 들어와서라도 그런 시대를 열었으니 다행이다.

특히 최근 들어와서는 대한민국에서 제작한 그릇이 교황청, 중동 왕실, 유럽 왕실, 특히 영국 왕실에도 판매되고 있으니, 실로 놀라운 사건이다. 이는 곧 근대 이후 산업화된 도자기 문화에서 세계 1인자를 자처하던 영국, 프랑스, 독일 등과 비견될 만한 도자기를 국내에서 생산한다는 의미. 그런 만큼 우리 손으로 세계적인 수준의 질 높은 도자기를 제작하는 데 다시금 성공한 것이다. 한때 세계 최고였던 명나라 백자에 비견되는 수준의 백자를 제작하던 15세기 후반부터 계산을 해보면 약 500년 만에 다시

2012년 엘리자베스 여왕 2세 즉위 60주년 도자기로 선정된 "프라우나 퀸즈 다이아몬드 주빌리", 한국 도자기.

연 성공 시대라 하겠다. 물론 이번 성공 시대만큼은 한반도의 평화와 함께 가능한 오래 지속되길 간절히 바란다.

수준 높은 그릇이 다시 제작되는 21세기 대한민국을 보자 가까운 미래에 문화, 경제적으로 새로운 전성기를 열 것이 분명해 보인다. 암. 지금까지 보았듯 생산되는 그릇을 보면 그 나라의 전반적인 문화, 경제 수준을 알 수 있으니까. 오호. 지하철이 도착하는걸. 이번 여행은 이것으로 마무리해야겠다. 그럼 안녕히~

에필로그

　학창 시절 민족주의 사관에 충실한 국사 교과서를 통해 한국 도자기가 소위 세계 최고라고 배운 적이 있었다. 그런데 나이를 조금 먹고 나서 중국, 일본, 서양 등에 위치한 여러 박물관을 직접 방문해보니, 과연 정말로 그런가 하는 의문이 조금씩 들기 시작하더군.
　무엇보다 도자기의 가장 높은 가치는 기술만 갖춰지면 대량 생산이 가능한 실용품이라는 점이다. 즉 장식품으로도 일부 제작되었겠지만 기본적으로 먹거나 마시기 위한 용도로서 제작했다는 의미. 이에 세계 어느 국가든 도자기 기술이 발전할수록 깔끔하고 깨끗한 표면에 사용하기 편하도록 좌우 균형이 잘 맞춰진 형태로 제작하고자 노력했다. 당장 우리들 역시 깔끔하지 않은 비대칭적 형태의 그릇에 음식이나 액체를 담기란 쉽지 않은 것처럼.

그런 기준에 따라 조선백자를 살펴보면 조선 전기 백자는 비록 제작 수량은 적었지만 균형미를 비롯해 깔끔한 표면을 지니고 있는 반면 조선 후기 백자는 글쎄? 많은 부족함이 느껴졌다. 나만의 기준이 아니라 실제로도 조선 시대에는 백자보다 유기, 즉 동으로 만든 그릇을 실용품으로 더 많이 사용했다고 하니 그만큼 조선 사람들마저 자국에서 생산한 백자에 대한 신뢰성이 부족했다는 의미겠지. 게다가 조선에서 질 높은 백자가 대량 생산되어 왕실을 포함한 여러 신분이 사용할 수 있던 시기는 18세기 중반 이후에야 가능했는데, 이때는 유럽마저도 이미 백자가 상당한 질로 대량 생산되고 있는 시점이었다.

결국 조선백자는 세계 도자기 흐름을 기준으로 본다면 국내용으로서 그것도 15세기 후반에서 16세기 전반까지 전성기를 잠시 찍고 17세기 이후로는 세계적 경쟁력을 갖추지 못한 채 이어지던 산업이었다. 18세기 후반 해마다 경기도 광주에서 중앙정부에 진상하는 그릇이 1,300여 죽(竹), 즉 1만 3000여 점 정도였으며, 사번으로 구워져 시장에 팔리는

1725~1730년 경 제작된 높이 57cm의 독일 마이센 자기, 메트로폴리탄 박물관.

그릇이 400여 죽(竹), 즉 4000여 점이었다. 반면 중국이 17세기에만 유럽에 수출한 도자기를 보아도 1년에 300만 점이 넘었으며, 일본은 17세기 동안 약 700만 점의 도자기를 유럽에 수출하였지. 자국 소비를 제외하고도 시장 규모부터 아예 차원이 달랐던 것.

그래서인지 세계적으로 이름난 박물관을 방문하면 중국, 일본 전시실은 그들의 도자기로 가득 전시되고 있건만, 한국 전시실은 대부분 빈곤한 모습만 보여주고 있다. 이는 17~19세기까지 조선백자가 질뿐만 아니라 절대적 생산량 또한 중국과 일본의 상대가 되지 못한 데다가 유럽, 중동 등으로 백자를 수출한 경험도 없었기 때문이다. 심지어 베트남을 포함한 동남아 국가들도 한때 백자를 수출한 적이 있었건만 조선은 이런 경험이 아예 없었으니까. 이에 어느 날부터 조금은 객관적으로 조선백자 문화를 바라볼 필요가 있다고 느껴졌다. '무조건 우리 것이 최고'가 아니라 왜 이런 안타까운 결과가 나왔는지 살펴볼 필요성이 있다고나 할까?

그 결과 이런 생각이 들더군. 조선 후반기처럼 기술자를 제대로 대우하지 않고 주변국의 상황을 면밀히 파악하지 않으며 상업과 기술을 함께 발전시키려는 사회적 노력이 부족하다면, 한반도의 미래에도 이와 유사한 사건은 언제든 일어날 수 있겠구나. 한때 대한민국이 제작한 반도체가 1등, 휴대폰 1등, 선박 1등이었다며 자랑하면서 이미 추월당한 경쟁력에 대해서는 자기 위안에 빠진 채 지낼 수도 있겠구나.

이에 고민 끝에 단순한 조선백자 이야기를 넘어 세계 도자기의 큰 흐름 속에 조선 도자기가 보여준 모습을 따라가보기로 했다. 이를 통해 세계사 속 한국 도자기의 의미를 살펴보고 싶었다고나 할까? 물론 내 의도가 얼마나 잘 전달되었는지는 독자분의 판단에 맡기고자 한다. 그럼 이번 이야기도 이렇게 마무리. 다음에 다른 주제로 또 만나요~

참고 문헌

강태춘, 白磁 달항아리 製作技法 硏究, 한국전통
문화대학교, 2019.

곽희원, 18세기 조선왕실 화장용 자기의 특징과
수용 과정 : 〈화협옹주묘 출토품〉을 중심으로, 고궁
문화, 2020.

김귀한, 고려 말~조선 초 백자의 위상(位相)변화
와 배경, 단국사학회, 2020.

김귀한, 조선시대 官窯의 명칭과 성격 재검토, 미
술사학연구, 2020.

김규림, 조선 17~18세기 백자원호(白磁圓壺)의
조형과 성격, 한국문화연구, 2019.

김수진, 19-20세기 병풍차(屛風次)의 제작과 유

통, 미술사와 시각문화, 2018.

김윤정, 조선 16세기 백자에 표기된 왕실 관련 한글 명문의 종류와 의미, 한국학연구, 2014.

김은경, 18세기 조선 유입 淸代 琺瑯瓷器 연구, 미술사학연구, 2017.

김혜정, 한양도성 출토 15~16세기 청화백자의조형적 특징과 성격, 미술사학, 2016.

박정민, 點刻銘이 부가된 '天·地·玄·黃' 銘 백자들의 사용시기와 성격, 역사와 담론, 2012.

박정민, 조선 전기 한양 출토 중국 청화백자의 소비상황 연구, 야외고고학, 2013.

박정민, '處' 명백자를 통해 본 조선 전기 내수사(內需司)의 왕실용 백자제작, 야외고고학, 2015.

윤재환, 董越의 「朝鮮賦」를 통해 본 中國 使臣의 朝鮮 認識, 동방한문학, 2012.

이종민, 朝鮮 官窯에서의 私燔 실태와 영향, 역사와담론, 2018.

이종민, 한반도 출토 중국 청화백자의 유형과 의미, 중앙사론, 2012.

전승창, 조선초기 명나라 청화백자의 유입과 수용 고찰, 미술사학연구, 2009.

진재교, 조선의 更張을 기획한 또 하나의 '北學議' 『雪岫外史』, 한문학보, 2010.

최건, 청화백자에서 龍樽이 갖는 의미, 동양미술사학, 2015.

최종석, 고려말기 조선초기 迎詔儀禮에 관한 새로운 이해 모색 -『蕃國儀注』의 소개와 복원-, 민족문화연구, 2015.

憧れの青花, 沖 縣立埋藏文化財センター-2017『重要文化財公開 首里城京の內跡出土品展平成28年度：憧れの青花』.

일상이 고고학 나 혼자 백자 여행

1판 1쇄 인쇄 2023년 5월 4일
1판 1쇄 발행 2023년 5월 12일

지은이 황윤
펴낸이 김현정
펴낸곳 책읽는고양이

등록 제4-389호(2000년 1월 13일)
주소 서울시 성동구 행당로 76 110호
전화 2299-3703
팩스 2282-3152
홈페이지 www. risu. co. kr
이메일 risubook@hanmail. net

© 2023, 황윤
ISBN 979-11-92753-07-2 03910